RICORDI

MÉTODO DE TANGO

GRUNDLEGENDE SCHULE
DES TANGOSPIELS

MÉTHODE FONDAMENTALE POUR
APPRENDRE À JOUER LE TANGO

DIE FLÖTE IM TANGO

LA FLÛTE DANS LE TANGO

PAULINA FAIN

DER TANGO
VON DER UNESCO 2009 ZUM IMMATERIELLEN KULTURERBE DER MENSCHHEIT ERKLÄRT

LE TANGO
DÉCLARÉ PAR L'UNESCO PATRIMOINE CULTUREL IMMATÉRIEL DE L'HUMANITÉ (2009)

SY. 2920

Erste Auflage 2010 / 1re édition 2010

Herausgeber der Reihe: Paulina Fain (Buenos Aires), Markus Heinze (München)
Produktionsleitung: Paulina Fain
Koordination der allgemeinen Inhalte: Paulina Fain, Ramiro Gallo
Durchsicht Spanisch: Martín Vittón, Micaela Berguer
Durchsicht der Noten: Ignacio López, Markus Heinze
Übersetzung ins Deutsche: Dr. Wolfgang Fritscher, München
Grafik und Gestaltung: Paula López
Umschlaggestaltung: Mariano Vior
Foto von P. Fain: Carlos Furman
Einspielungen für Klavier: Exequiel Mantega
Aufnahmestudio: Fort Music, Buenos Aires

Directeurs de la collection : Paulina Fain (Buenos Aires), Markus Heinze (Munich)
Chef de production : Paulina Fain
Coordination du contenu général : Paulina Fain, Ramiro Gallo
Révision espagnole : Martín Vittón, Micaela Berguer
Révision des partitions : Ignacio López, Markus Heinze
Traduction française : Étienne van Damme
Design : Paula López
Illustration de la couverture : Mariano Vior
Photo de P. Fain : Carlos Furman
Enregistrements de piano : Exequiel Mantega
Studio d'enregistrement : Fort Music, Buenos Aires

Die allgemeinen Inhalte der Reihe (S. 10-15, 106-112, 113-117) wurden von Paulina Fain und Ramiro Gallo verfasst. / Le contenu général des volumes de la série (p. 10-15, 106-112, 113-117) a été réalisé par Paulina Fain et Ramiro Gallo.

Druck / Impression: MDV Maristen Druck, Furth
Printed in Germany

ISMN 979-0-2042-2920-8
ISBN 978-3-938809-43-3

DANKSAGUNGEN

Meinen Lehrern Laura Baade, Raúl del Castillo, Orlando Trípodi und Rodolfo Mederos.
Meinen Eltern, Alba y Mauricio und meiner Patin Magdalena.
Den großen Maestros Leopoldo Federico und Emilio Balcarce.
Markus Heinze für seine Unterstützung und Begeisterung.
Ramiro Gallo, Gustavo Margullies, Exequiel Mantega, Paula López, Ignacio López, Ignacio Varchausky und "Bailamos" in Dresden.
Allen, die durch ihre Mitarbeit zum Entstehen dieses Buches beigetragen haben.
Meinen Schülern, die mir beständig helfen, weiter nach den besten Wegen zu suchen.

❤ Dieses Buch ist meinem Partner in der Musik wie im Leben gewidmet, Exequiel Mantega.

REMERCIEMENTS

À mes professeurs Laura Baade, Raúl del Castillo, Orlando Trípodi et Rodolfo Mederos.
A mes parents, Alba et Mauricio. À ma marraine Magdalena.
Aux grands maîtres Leopoldo Federico et Emilio Balcarce.
À Markus Heinze pour son appui et son enthousiasme.
À Ramiro Gallo, Gustavo Margullies, Exequiel Mantega, Paula López, Ignacio López, Ignacio Varchausky et à « Bailamos » de Dresde.
À tous ceux qui ont participé et collaboré à la naissance de ce livre.
À mes élèves qui m'aident constamment à poursuivre ma recherche sur la meilleure façon de faire.

❤ Ce livre est dédié à mon compagnon dans la musique et dans la vie, Exequiel Mantega.

DIE FLÖTE IM TANGO

LA FLÛTE DANS LE TANGO

PAULINA FAIN

INHALT
TABLE DES MATIÈRES

ZUR ARBEIT MIT DIESEM BUCH
COMMENT TRAVAILLER AVEC LE LIVRE

Das Buch behandelt jedes Thema in einem eigenen Kapitel. Ausgeführt werden die expressive Melodie, die rhythmische Melodie, Verzierungen und erweiterte Spieltechniken, wie sie im Tango Anwendung finden. Da beim Spielen der Tangovarianten *Milonga* und *Vals* auf jeweils besondere Charakteristika zu achten ist, sind zu beiden Formen eigene Kapitel aufgenommen.
Es ist fast unnötig zu erwähnen, dass jedes Instrument innerhalb der Sprache des Tango besondere Techniken und Mittel benutzt, um Expressivität und Klangvielfalt zu steigern. Daher braucht jedes Instrument seine eigene Schule, die die Details des Genres erlernen lässt.
Dieses Buch enthält Lernempfehlungen und spezielle technische Übungen, die genau auf die besonderen Probleme der Flöte abgestimmt sind.
Dabei sind alle im Lauf des Buches präsentierten Gestaltungsmittel und Techniken sowohl für den traditionellen Tango geeignet wie auch für die Musik Astor Piazzollas und neu entstehende Tango-Kompositionen.
Wer als Musiker das Tangospielen erlernt, will später sicherlich mit anderen zusammen musizieren. Daher ist ein weiteres

Ce livre aborde l'étude de chacun des thèmes dans des chapitres séparés où ils sont étudiés individuellement : la mélodie expressive, la mélodie rythmique, les fioritures et les techniques étendues appliquées au tango. Comme il existe, en outre, des caractéristiques spécifiques liées à la façon de jouer les types de *milongas* et de *vals*, un chapitre à part est consacré à ces aspects en particulier.
Il convient de préciser que, dans le langage du tango, chaque instrument utilise des techniques et des ressources spécifiques qui augmentent l'expressivité et la variété du son, chaque instrument fait donc appel à une méthode propre lui permettant d'aborder ponctuellement les connaissances du genre.
Ce livre comprend des recommandations et des exercices techniques spécifiques axés sur les problématiques particulières de la flûte.
Tous les outils et les techniques contenus dans ce livre peuvent être utilisés aussi bien pour le tango traditionnel que pour la musique d'Astor Piazzolla et les nouvelles compositions de tango.
Nous avons conservé la langue d'origine – l'espagnol – concernant les techniques et les termes spécifiques du tango. Vous trouverez les définitions dans le glossaire figurant à la fin du livre.
Étant donné que le musicien qui apprend à jouer le tango voudra certainement jouer avec d'autres musiciens, ce livre

WAS AUF DER SEITE ZU FINDEN IST
QUE TROUVER SUR LA PAGE

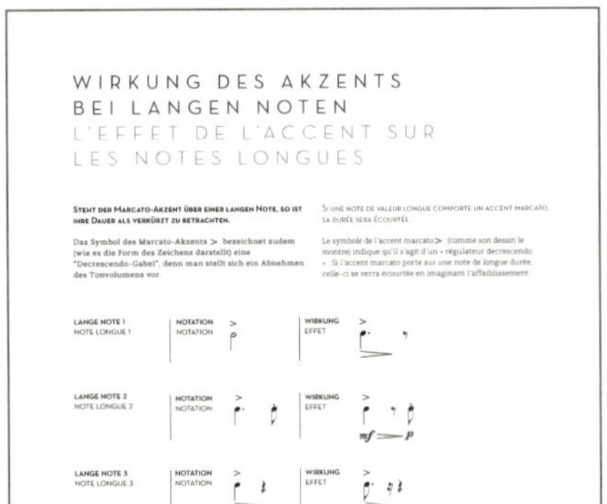

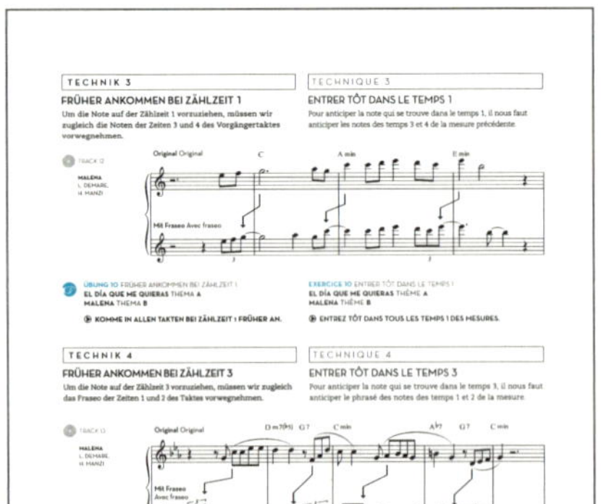

ANHÖREN POUR **ÉCOUTER** TRACK N°
MITSPIELEN POUR **JOUER** TRACK N°

ANHÖREN UND MITSPIELEN
Zum Anhören und Spielen mit der Klavierbegleitung; enthalten auf CD 2.

ÉCOUTER ET JOUER
Pour écouter et jouer avec accompagnement de piano; sur le CD 2.

Track Nr.
Plage No

HÖRBEISPIEL
Zum Anhören des beschriebenen Effektes; enthalten auf CD 1.

EXEMPLE D'ÉCOUTE
Pour écouter l'effet sonore décrit; se trouve sur le CD 1.

ÜBUNGEN
Bezeichnet Spielübungen zu den Techniken und musikalischen Mitteln.

EXERCICE
Indique les exercices se rapportant aux techniques et outils musicaux.

TIPPS
Enthält Empfehlungen zum Spielen der Übungen.

ASTUCES
Contient des conseils de jeu pour chaque exercice.

Kapitel zu Aufgaben und Rollen beim Spielen im Tango-Ensemble enthalten, daneben finden sich Empfehlungen zur Gestaltung der Probenarbeit. Zudem ist eine Übersicht aufgenommen, die verschiedene Tango-Stile vergleichend gegenüberstellt und es wird das traditionelle Repertoire vorgestellt, das jeder Flötist kennen sollte.
Zu den Originalwerken – hier in einer Version für Flöte und Klavier geschrieben – sind am Ende des Buches die Klavierpartituren beigelegt. Sie sollen dazu einladen, das Spielen eines originalen Repertoires mit anderen zu erleben.
Auf der dem Buch beiliegenden CD 1 (grau) hat die Autorin alle Notenbeispiele eingespielt. CD 2 (türkis) enthält Aufnahmen aller Etüden und vorgestellten Werke sowie Klavierbegleitungen zum Mitspielen.

contient des chapitres qui abordent les questions suivantes : quels sont les rôles spécifiques pour jouer dans un ensemble de tango et quelles sont les recommandations à suivre pour organiser une répétition. De plus, ce livre comprend un tableau comparatif des différents styles existant au sein du tango et un répertoire traditionnel qui reprend ce que tout flûtiste devrait savoir.
Aux œuvres originales, transcrites ici pour flûte et piano, est incluse la partition pour piano à la fin du livre. Elle invite à expérimenter avec d'autres musiciens un répertoire original.
Le 1er CD qui accompagne cet ouvrage comporte des exemples enregistrés par l'auteur. Pour les études et les œuvres proposées, les versions gravées et les bases d'accompagnement enregistrées au piano sont incluses dans le 2e CD.

NOTEN
PAGES DE MUSIQUE

KLAVIERSTIMMEN
Separat beigelegt. Zum Duo-Spiel der Kompositionen der Autorin, die ins Repertoire des Flötisten übernommen werden können.

PARTIE DE PIANO
Éditée séparément. Permet le jeu en duo des compositions de l'auteur pouvant être intégrées au répertoire du (de la) flûtiste.

ETÜDEN UND WERKE
Zur Vertiefung der Techniken und Gestaltungsmittel.
Die Werke der Autorin am Ende der Kapitel dienen der Anwendung des Erlernten in originalen Tangokompositionen.

ÉTUDES ET ŒUVRES
Pour approfondir techniques et moyens musicaux.
À la fin de chaque chapitre, une œuvre de l'auteur permet d'utiliser ces concepts sur une musique originale.

AUF CD 1
Alle Notenbeispiele aus dem Buch zum Anhören. Im Buch steht die Track-Nr. links vom jeweiligen Beispiel.

SUR LE CD 1
Tous les exemples musicaux cités dans le livre peuvent s'écouter. Dans le texte, le numéro se trouve à gauche de chaque exemple.

AUF CD 2
Alle Etüden und vorgestellten Werke sind in einer Hörversion und in einer Version zum Selbstspielen mit Klavierbegleitung enthalten.

SUR LE CD 2
Toutes les études contenues dans le livre ainsi que les œuvres présentées sont disponibles en version audio et en play-back avec accompagnement de piano.

TRACKS DER CD 2
PLAGES DU CD 2

01 **STIMMTON A (442 HZ)**
LA DU DIAPASON (442 HZ)

MITSPIELFASSUNGEN
PISTES DE PLAY-BACK

02 **MALENA**
03 **EL DÍA QUE ME QUIERAS**
04 **NARANJO EN FLOR**
05 **POR UNA CABEZA**

ZUM HÖREN UND ZUM MITSPIELEN
PISTES D'AUDIO ET DE PLAY-BACK

06 -07 **ETÜDE 1 - ARTIKULATION**
ETUDE 1 - ARTICULATION
08 -09 **ETÜDE 2**
ETUDE 2
10 - 11 **ETÜDE 5**
ETUDE 5
12 - 13 **TORBELLINOS**
14 - 15 **ETÜDE 1 - MIT VERZIERUNGEN**
ETUDE 1 - AVEC FIORITURES
16 - 17 **ETÜDE 6**
ETUDE 6
18 - 19 **POR ESTOS TIEMPOS**
20 - 21 **EL PORTEÑITO**
22 - 23 **MILONGA DEL PIBE**
24 - 25 **LA EMBRUJADA**
26 - 27 **ETÜDE 1 - MIT ERWEITERTEN SPIELTECHNIKEN**
ETUDE 1 - AVEC TECHNIQUES ÉTENDUES
28 -29 **MICROCENTRO**

Der Tango ist eine musikalische Sprache, die aus dem Volk kam, und er blieb in seiner Entwicklung immer durch diese Anfänge bestimmt. So brachte er eigene rhythmische und expressive Gestaltungsmittel hervor. Seine Interpretation erfordert daher – obgleich die Notation alles der abendländischen klassischen Musik entnimmt – eine Reihe von Elementen, die in einer vom Text abweichenden Art auszuführen sind, weitere finden sich gar nicht im Notentext.

In diesem Buch will ich all die Grundlagen behandeln, die zum Verständnis wie zum Wissen um den Gebrauch dieser Gestaltungsmittel notwendig sind. Da wir über ein Melodieinstrument sprechen, so wird der Schwerpunkt unserer Aufmerksamkeit auf der Behandlung der Melodie liegen, auf Formen des *Fraseo* ("Phrasierung"),[1] auf Akzentuierung und Artikulation, auf typischen Verzierungen und auf den erweiterten Spieltechniken der zeitgenössischen Musik, die im Tango Verwendung finden.

ZUR FLÖTE IM TANGO

Die Flöte hat im Tango ihre eigene Geschichte. Nur in der Zeit der so genannten *Guardia Vieja* ("Alte Garde")[2] – ab Ende des 19. Jahrhunderts bis etwa 1905 – spielte sie eine gewichtige Rolle.[3] Später, als die große Einwanderungswelle Argentinien erreichte, verdrängte das aus Deutschland kommende Bandoneon die Flöte aus den üblichen Tangoformationen. Dieses konnte nämlich zwei Aufgaben übernehmen: das Spiel der Melodie und ebenso die Ausführung der Begleitungen. Zudem spiegelte das Bandoneon mit seinem eigentümlichen Ton die Melancholie der Einwanderer wieder.
Astor Piazzolla war es, der später der Flöte eine neue Rolle gab. Er nahm sie in sein "Nuevo Octeto" (1963) auf und verwendete sie in der kleinen Tango-Oper **María de Buenos Aires**. Piazzolla komponierte eine Suite, **La historia del tango**, für Flöte und Gitarre, und die **Estudios tanguísticos** („Tango-Studien") für Flöte solo.
Gegenwärtig ist zu beobachten, wie viele Flötisten den Einsatz der Flöte in unterschiedlichen Tangoformationen erkunden. Das Instrument wird als ein "singendes" verwendet, zeigt darin aber wenig Gemeinsamkeit mit der *Guardia Vieja*, in der die Flöte immer eine mit Verzierungen angefüllte Melodie im hohen Register spielte.
Die weitere Entfaltung flötistischer Möglichkeiten dürfte heute wohl in Händen derjenigen Flötisten liegen, die ihre Gestalt und ihren Klang aus der Aktualität heraus, in Auseinandersetzung mit täglich neu erscheinenden Tendenzen denken können.

ÜBER DIE SPRACHE DES TANGO

Wie die meisten musikalischen Stile, die Völker an verschiedenen Orten der Welt hervorbrachten, besitzt auch der Tango eine Reihe von Elementen, die man selten notiert findet. Die Sprache des Tango zeigt einerseits Elemente, die fast immer in gleicher Weise gespielt werden, bei anderen sind wir frei, sie ständig neu und in einer mehr oder weniger spontanen Art abzuwandeln.
Eine Tango-Partitur zeigt oftmals eine sehr einfache Rhythmik, enthält nur die Grundfiguren ohne Verzierungen. Das soll die Nachvollziehbarkeit des musikalischen Ablaufs erleichtern und zugleich dem Interpreten mehr Freiheiten der Abwandlung verleihen.
Dabei ist auch festzuhalten, dass es nie nur eine Art der Veränderung des aufgeschriebenen Notentextes gibt. Ein Ziel dieser Schule liegt daher gerade darin, jedem Musiker, nach dem Durchnehmen aller Elemente des Genres, das Finden seiner eigenen Interpretation zu ermöglichen.
Das Buch ist Ergebnis vieler Stunden des Studiums und von Jahren des Sammelns von Erfahrungen beim Spiel neben großen Meistern und mit anderen Tangomusikern. Zugleich ist es Resultat eigener Forschungen, da ja die Flöte in der Geschichte des Tango seit den Zeiten der *Guardia Vieja* nicht mehr präsent war. Das Finden einer Art, wie die Flöte im Tango zum Klingen zu bringen sei – und ihr zugleich Möglichkeiten der Entwicklung über die Jahre zu eröffnen – war daher zunächst eine eher persönliche Suche. Später mündete diese in einen Prozess systematischer Erforschung und Aufschlüsselung, der sich als notwendig erwies, um die didaktische Vermittlung der erkundeten und neu entwickelten Vorstellungen leisten zu können.
Dieses Buch möge allen Musikern eine Hilfe sein, die Interesse für die Sprache des Tango verspüren. Ihnen will ich mit dem vorliegenden Material die grundlegenden Bausteine dieser wunderbaren Sprache auf einfache und nachvollziehbare Weise nahebringen.

① ② Siehe Glossar, S. 122.

③ Mehr Geschichtliches findet sich im Kapitel "Zur Geschichte der Flöte im Tango", S. 118.

ZUR EINFÜHRUNG
INTRODUCTION

VON
PAR
PAULINA FAIN

LE TANGO EST UN LANGAGE MUSICAL QUI, DÈS LE DÉBUT, EST NÉ ET S'EST DÉVELOPPÉ COMME UNE MUSIQUE POPULAIRE ET IL A, EN TANT QUE TEL, MIS AU POINT SES PROPRES OUTILS RYTHMIQUES ET EXPRESSIFS. BIEN QU'UTILISANT POUR LA NOTATION MUSICALE TOUS LES ÉLÉMENTS DE LA MUSIQUE CLASSIQUE OCCIDENTALE, SON INTERPRÉTATION REQUIERT DIVERS ÉLÉMENTS QUI DOIVENT ÊTRE EXÉCUTÉS DE FAÇON DIFFÉRENTE ET D'AUTRES QUI NE SONT PAS NOTÉS.

Dans ce livre, je me propose d'aborder tous les aspects fondamentaux nécessaires pour comprendre et apprendre la façon d'utiliser ces éléments. Puisque nous parlons d'un instrument mélodique, nous concentrerons notre attention principalement sur le traitement de la mélodie : les formes de *fraseo* (« phrasé »)[1], les modes d'accentuation et d'articulation, les fioritures typiques et les techniques de la musique contemporaine appliquées au tango.

LA FLÛTE DANS LE TANGO

L'histoire de la flûte dans le tango est particulière, dans la mesure où elle a joué un rôle prépondérant uniquement à l'époque baptisée *Guardia Vieja* (« Vieille Garde »)[2], depuis la fin du XXe siècle jusqu'à 1905 environ[3]. Ensuite, avec la grande vague d'immigration qui a inondé l'Argentine, le bandonéon, venu d'Allemagne, a remplacé la flûte dans les ensembles classiques afin de pouvoir remplir un double rôle : le jeu de la mélodie et son accompagnement. De plus, grâce à sa sonorité particulière, il reflétait la mélancolie des immigrants.
Celui qui, plus tard, a envisagé la flûte sous un nouveau jour fut Astor Piazzolla, qui l'a incluse dans son « Nuevo Octeto » (1963) et dans le petit opéra **María de Buenos Aires**. Il a écrit **l'Histoire du tango** (pour flûte et guitare) et aussi les **Tango-Études** pour flûte seule.
À l'heure actuelle, de nombreux flûtistes explorent l'utilisation de la flûte dans différents ensembles où celle-ci est utilisée comme instrument « chantant » sans pour autant évoquer la *Guardia Vieja*, où l'habitude était de toujours jouer la mélodie, pleine de fioritures, dans le registre aigu.
Aujourd'hui, l'évolution de la flûte est en quelque sorte aux mains des flûtistes qui peuvent concevoir forme et sonorité d'un point de vue actuel et en rapport avec toutes les nouvelles tendances qui apparaissent quotidiennement.

LE LANGAGE DU TANGO

À l'instar des musiques populaires de différents pays du monde, le tango est composé d'éléments variés qui, habituellement, ne sont pas écrits. Dans le langage du tango, il y a, d'un côté, certains éléments qui sont presque toujours interprétés d'une certaine façon, et, de l'autre, des éléments que nous avons la liberté de modifier d'un jour à l'autre, de manière pratiquement spontanée.
Il est important de noter que, souvent, les rythmes d'une partition de tango sont notés simplement, ils présentent des figures de base et sont dépourvus d'ornements. L'objectif est ici de simplifier la compréhension du paysage musical et d'offrir en même temps à l'interprète plus de liberté afin qu'il puisse apporter ses propres modifications.
Nous voulons également montrer qu'il n'existe pas *une* seule façon de modifier la musique écrite : l'un des objectifs de cette méthode est précisément de faire en sorte que chaque musicien puisse, après avoir exploré tous les éléments du genre, chercher sa propre interprétation.
Ce livre est le résultat de plusieurs années d'étude et de collecte d'expériences, en jouant aux côtés de grands maîtres et collègues *tangueros* (musiciens de tango).
Ce livre est également le fruit d'un travail de recherche personnelle car la flûte a disparu de l'histoire du tango depuis l'époque de la *Guardia Vieja*. C'est pourquoi, ce qui était au départ une quête personnelle, à savoir trouver une façon de faire jouer la flûte dans le tango – et de la faire évoluer ensuite avec le temps, est ensuite devenu un processus de recherche et de décodification, nécessaire afin de transmettre de façon didactique les notions recherchées et créées.
J'espère que ce livre sera utile à tous les musiciens qui s'intéressent au tango et – c'est en tout cas mon désir – qu'ils pourront, avec ce matériel, avoir accès de façon aisée aux éléments fondamentaux de ce merveilleux langage.

①② Voir glossaire, page 122.
③ Pour plus de références sur l'histoire de la flûte et du tango, consulter le chapitre intitulé « L'histoire de la flûte dans le tango », page 118.

TANGO: RHYTHMUS UND EXPRESSIVITÄT
TANGO: RYTHME ET EXPRESSION

DER TANGO ERSCHEINT ALS EINE KÜNSTLERISCHE AUSDRUCKSFORM DES VOLKES AUF VERSCHIEDENEN, SICH GEGENSEITIG AN- UND BEREICHERNDEN FELDERN: IN DER MUSIK, IM TANZ, IN DER POESIE.

Die Musik war in ihren Anfängen als Begleitung zum Tanzen gedacht und die weitere Entwicklung stand immer in Beziehung zum Tango als Tanz.
Rhythmisch zeigte der Tango in den ersten Jahren eine Verwandtschaft mit der *Habanera*, der *Milonga*[4] und dem *Tango andaluz* ("andalusischer Tango")[5] (im 2/4-Takt notierte Rhythmen mit Akzentuierungen auf 3-3-2). Schließlich setzte sich ein breiteres Grundtempo im 4/4-Takt durch. Vor diesem Hintergrund entfalteten sich jene Gestaltungsmittel, die das Genre in rhythmischer Hinsicht formten und definierten.
Was die andere Seite, die Expressivität, anbelangt, so begannen Interpreten schon früh, auch dieses Terrain in eigenständiger Weise zu erkunden und auch dort ihre eigenen Gestaltungsmittel zu schaffen.
Der Kontrast zwischen rhythmisch und expressiv geprägten Passagen bildet eine Grundcharakteristik des Genres. Üblicherweise folgt einer rhythmischen Phrase unmittelbar eine expressive. Ebenso können aber beide zugleich auftreten, wenn etwa ein Teil des Orchesters expressive Gehalte betont, während eine andere Instrumentengruppe rhythmisch orientiert spielt.
Dieses Spiel der "Gegensätze" zeigt sich oft schon in der Komposition selbst ganz deutlich, etwa im Tango **La yumba** (O. Pugliese), dessen Teil A klar rhythmisch geprägt ist, der Teil B dann cantabile.

STILE – RHYTHMUS UND EXPRESSIVITÄT ALS UNTERSCHEIDENDE GESTALTUNGSMITTEL

Nach der Zeit der Sextette (etwa zwischen 1918 und 1935)[6] und den grundlegenden Errungenschaften von Julio und Francisco De Caro erreichte das Genre in den 40-er und 50-er Jahren seine Glanzzeit. Damit begann eine bedeutende evolutive Etappe. Arrangeure traten auf und begannen, Ausführungsweisen zu ordnen und zu systematisieren, reicherten sie überdies mit neuen Elementen und Einflüssen an. Für die Musiker wurde es nun zur Notwendigkeit, sich von anderen abzuheben. Das alles beförderte die Geburt verschiedener "Stile".
Jedes Orchester wollte eine eigene Handschrift zeigen. Auf rhythmischem Gebiet wählte man verschiedene Formen der "Taktmarkierung" (in Rhythmik und Akzentuierung charakteristische Begleitungsmuster), indem man jeweils Anderes hervorhob, und suchte so, zum erkennbar eigenen, unterscheidbaren Stil zu gelangen.
Auf expressivem Gebiet tat sich ein vielleicht noch originärerer Sprung nach vorn. Musiker modifizierten den melodischen

LE TANGO EST UN MODE D'EXPRESSION ARTISTIQUE POPULAIRE PRÉSENT DANS DIFFÉRENTS DOMAINES LIÉS LES UNS AUX AUTRES : LA MUSIQUE, LA DANSE ET LA POÉSIE.

On peut dire que, dès son origine, la musique a permis au tango d'être dansé et elle conservera, tout le long de son évolution, un rapport permanent avec la danse.
Sur le plan rythmique, le tango s'apparente les premières années à la *habanera*, à la *milonga*[4] et au *tango andaluz* (tango andalou)[5] (soit des rythmes écrits en 2/4, avec des accentuations en 3-3-2), puis, progressivement, il devient plus lent avant d'adopter sa forme définitive en 4/4. C'est dans ce contexte que se sont développés les outils qui lui ont donné sa forme et sa définition du point de vue rythmique.
Quant à l'aspect expressif, les interprètes de tango ont commencé, dès le début du genre, à investir tout particulièrement le champ de l'expression, en créant également leurs propres outils.
Le contraste entre les parties rythmiques et les parties expressives constitue l'un des principaux traits du genre : immédiatement après une phrase rythmique apparaît la plupart du temps une phrase expressive et, de la même façon, une partie de l'orchestre jouant de façon expressive peut cohabiter avec un autre groupe d'instruments jouant de façon rythmique.
Ce jeu d'oppositions est souvent clairement visible dans la composition même, comme par exemple dans **La Yumba** d'Osvaldo Pugliese, dont la partie A est rythmique et la partie B, cantabile.

LES STYLES : RYTHME ET EXPRESSION EN TANT QU'OUTILS PARTICULIERS

Après l'époque des sextuors (entre 1918 et 1935 environ)[6] et de la contribution fondamentale de Julio et Francisco De Caro, on a assisté au grand essor du genre – durant les décennies 40 et 50 –, qui a ouvert la voie à une profonde étape évolutive. C'est l'avènement des arrangeurs qui ont commencé à organiser et à systématiser les exécutions, tout en les enrichissant avec de nouveaux éléments et de nouvelles influences. Les musiciens ont senti le besoin de se distinguer les uns des autres, ce qui a favorisé la naissance des « styles ». Chaque orchestre a cherché à mettre en valeur ses propres spécificités : dans le domaine du rythme, les variations portaient sur l'accentuation, en faisant toujours ressortir un aspect différent pour forger une forme propre et distincte.
Dans le domaine de l'expressivité, le pas a probablement été encore plus original : les musiciens ont apporté des changements de rythme, au début dans le cadre d'un tempo

Rhythmus, zunächst nur im Rahmen eines unveränderten Tempos, später bei größtmöglicher Flexibilisierung und Relativierung auch dieser Komponente. Das führte schließlich zu einer großen Zahl expressiver Gestaltungsmittel, die nun nicht mehr allein die Solisten einsetzten, vielmehr auch das Orchester als Ganzes. Dabei zeigt die Verbindung gleichlaufender Veränderungen in Dynamik, Artikulation und Tempo durch Zu- oder Abnahme dieser musikalischen Größen die Dichte expressiver Spannung.
In jedem Stil können wir einen anderen Gebrauch der Gestaltungsmöglichkeiten beobachten. Das beginnt bei subtilen Änderungen des *Fraseo* in den Soloinstrumenten und reicht bis hin zu Formen, in denen sich die Expressivität buchstäblich des Tempos "bemächtigt".

EXPRESSIVITÄT EROBERT DEN TANZ

Die Tänzer, weit davon entfernt, jene Momente hoher Expressivität zurückzuweisen, in denen sich ein stetiges Tempo als potentielles Hindernis erweist, nahmen diese Neuerungen mit großem Enthusiasmus auf. Damit ist vielleicht eine der bemerkenswertesten Eigenheiten dieses Tanzes aus dem Volk genannt: Der Tangotänzer tanzt nicht allein Rhythmen, er tanzt im gleichen Maße den expressiven Gehalt.

ZUM SCHWERPUNKT WEITERER ENTWICKLUNG

Im Lauf der Zeit erlebte das Genre in Rhythmus und Expressivität tiefgreifende Weiterentwicklungen. Man nahm harmonische und kontrapunktische Mittel hinzu, Orchestrierungen wurden als ausgefeilte und auch virtuose Arrangements geschrieben. Dabei ist es durchaus vorstellbar, dass die zukünftige Entwicklung nicht immer nur darin konzentriert sein wird. Vielleicht liegt sie nicht einmal so sehr in den Elementen, die in die Partitur Eingang gefunden haben, sondern in denen, die sich dort nicht finden. Es ist schwer zu sagen, ob der Stil von Di Sarli dem von Piazzolla an Komplexität nachsteht. Tatsächlich kann man der Meinung sein – sofern man schon einmal eine seiner Partituren gespielt hat –, dass Letzterer in stilistischer Hinsicht weitaus zugänglicher ist als der Erstgenannte.
Der Tango ist in seiner Gesamtheit als ein sich ausdehnendes Universum zu begreifen, mit einem Kern aus Rhythmus und Expressivität. Nutzen wir die Gestaltungsmittel, die uns das Genre dort an die Hand gibt, so können wir die Grenzen dieser Musik aus dem Volk erweitern und entfalten.

④⑤ Siehe Glossar.
⑥ Zu Einzelheiten der verschiedenen Tango-Stile siehe das Kapitel "Stile", S. 113.

stable, puis en flexibilisant et relativisant toujours plus cette variable. Nous assistons ainsi à l'avènement d'un grand nombre d'outils d'expression qui ne relèvent plus uniquement des solistes mais aussi de tout l'orchestre, en combinant des changements simultanés de dynamique, d'articulation et de tempo, dans un ordre répondant à l'accumulation de tension expressive assortie de la croissance ou de l'affaiblissement de ces variables.
Chaque style a recours à différentes utilisations de ces ressources, qui vont des changements subtils de *fraseo* de la part des solistes, jusqu'à certains modèles où l'expression phagocyte littéralement le tempo.

L'EXPRESSION PASSE À LA DANSE

Les danseurs, loin de refuser des moments de haute expressivité où la variabilité du tempo aurait pu devenir un obstacle, ont accueilli cette nouveauté avec grand enthousiasme, en marquant peut-être l'une des caractéristiques les plus notoires de cette danse populaire : le danseur de tango ne danse pas seulement des rythmes mais aussi des expressions.

LE CENTRE DE L'ÉVOLUTION

Cette discipline a évolué au fil du temps, essentiellement au niveau du rythme et de l'expression : elle a rassemblé des ressources harmoniques, de contrepoint, d'orchestration et cela avec des arrangements plus sophistiqués, voire virtuoses. Mais on peut penser que la substance de l'évolution ne sera pas toujours concentrée à l'avenir dans les ressources indiquées ci-dessus, elle ne se trouvera peut-être pas non plus dans les éléments inscrits dans la partition, mais plutôt dans ceux qui ne s'y trouvent pas. Il est difficile de dire si le style de Di Sarli est moins complexe que celui de Piazzolla. En fait, lorsqu'il s'agit d'exécuter l'une de leurs partitions, on peut avoir le sentiment que ce dernier est, quant au style, beaucoup plus accessible que le premier.
Pour résumer, le tango représente un univers en expansion avec, pour axe central, le rythme et l'expression. En utilisant les instruments que la discipline nous offre dans ces domaines, nous pourrons repousser et développer les limites de cette musique populaire.

④⑤ Voir glossaire.
⑥ Pour obtenir des détails sur les différents styles du tango, voir le chapitre intitulé « Styles », page 113.

GRUNDLEGENDE GESTALTUNGSMITTEL
OUTILS FONDAMENTAUX

RHYTHMISCHE GESTALTUNGSMITTEL

AKZENTE

Der Akzent hebt als rhythmisches Ereignis die Akzentuierung des Taktes hervor. Daher erscheint er in der Mehrzahl der Fälle als Betonung der starken Zählzeiten (1 und 3).
Melodisch benutzt der Tango hauptsächlich die Artikulationen Marcato und Staccato , allerdings mit viel mehr Nachdruck, als das in der klassischen Musik üblich ist.
Ein marcato artikulierter Akzent erhält so viel Präsenz, dass die nachfolgenden Töne immer ***p*** gespielt werden.
Die rhythmische Stütze des Orchesters ist im Bass-Gang gegeben, der sich zu den verschiedenen Formen rhythmisch-harmonischer Grundgerüste fügt. Im Tango sind das:

⦿ **Formen des Marcato:** in 4, in 2, pesante.

⦿ **Synkopen:** vorgezogen, *a tierra* (downbeat, wörtlich: "gen Erde"),[7] Synkopenreihe.

⦿ **Andere Rhythmen:** "Choral" in Halben, *bordoneos* (Bass-Figuren),[8] 3-3-2, Polyrhythmik, *umpa-umpa*,[9] perkussive Effekte.

OUTILS RYTHMIQUES

LES ACCENTS

L'accent est un événement rythmique qui aide à mettre en valeur l'accentuation de la mesure, c'est pourquoi, la plupart du temps, l'accent marque les temps forts (1 et 3).
Du point de vue de la mélodie, le tango utilise principalement les articulations marcato et staccato mais en les soulignant de façon très marquée, beaucoup plus qu'il n'est d'usage dans la musique classique. L'accent marcato acquiert une présence telle que les sons qui suivent sont toujours joués ***p*** .
Le soutien rythmique de l'orchestre provient de la marche de la basse, auquel s'ajoutent les modèles de la base du rythme et de l'harmonie qui, dans le tango, sont :

⦿ **Marcato** : en 4, en 2, pesante.

⦿ **Syncopes :** anticipée, *a tierra* (« vers la terre »)[7], successives.

⦿ **Autres rythmes :** choral en 2, *bordoneos* (bourdonnements)[8] 3-3-2, polyrythmie, *umpa-umpa*[9], effets de percussion.

FORMEN DES MARCATO
MARCATO

Marcato "in 4"
Marcato "en 4"

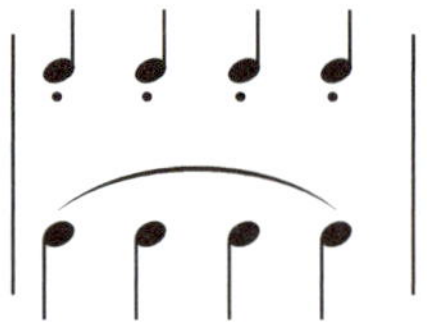

Marcato "in 2"
Marcato "en 2"

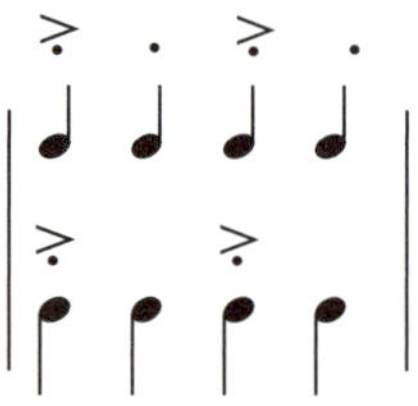

Pesante
Pesante

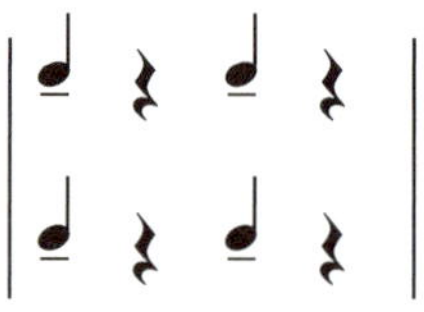

SYNKOPEN
SYNCOPES

Vorgezogen
Anticipée

A tierra
A tierra

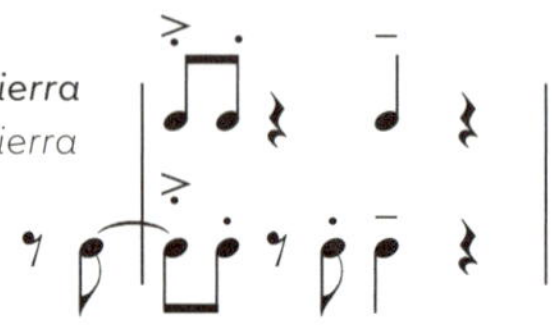

Synkopenreihe
Syncopes successives

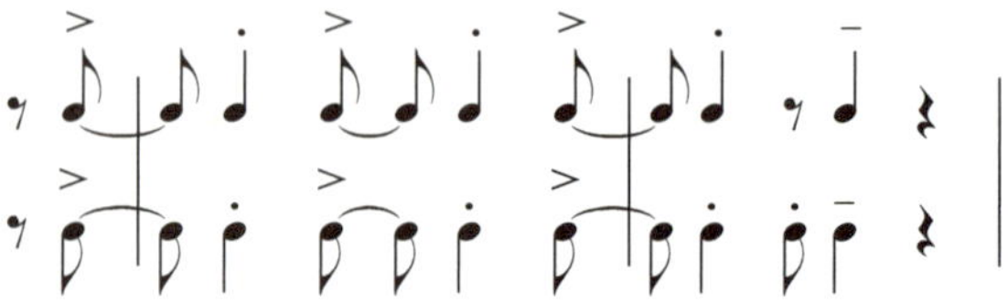

TEMPO

Die Regelmäßigkeit des Tempos variiert im Tango je nach Stil. Einige Orchester halten den Rhythmus streng durch, andere behandeln ihn ausgesprochen flexibel.
In diesem Zusammenhang muss das Fehlen von Perkussions-instrumenten in der *Orquesta típica* (dem "typischen Orchester")[10] erwähnt werden. Geschuldet ist das einer mit *Arrastre* (etwa: "Ziehen, Schleifen")[11] gespielten Taktmarkierung, die eine flexible und keine mechanische Form des "Taktschlagens" verlangt.

LE TEMPO

La stabilité du tempo dans le tango varie en fonction des styles : certains orchestres soutiennent le rythme très fermement tandis que d'autres le gèrent avec beaucoup de souplesse.
À cet égard, il est important de noter l'absence d'instruments à percussion dans une *orquesta típica* (« orchestre typique »)[10] en raison du battement *arrastre* (« traîné »)[11] qui rend nécessaire une forme souple plutôt que mécanique de percussion.

⑦ ⑧ ⑩ ⑪ Siehe Glossar.
⑨ Typische Taktmarkierung, besonders im Stil von Horacio Salgán. Siehe S. 115.

⑦ ⑧ ⑩ ⑪ Voir glossaire.
⑨ Manière typique de la marquage, particulière au style de Horacio Salgán. Voir page 117.

EXPRESSIVE GESTALTUNGSMITTEL

DAS FRASEO

"*Fraseo*" nennen wir ein "Aussprechen" der Melodie unter Modifizierung ihres Rhythmus in expressiver Absicht. Zu beachten ist, dass eine kantable Melodie gewöhnlich nicht im notierten Rhythmus gespielt werden soll. Die rhythmischen Werte auf dem Notenpapier sind nur als Orientierung zu verstehen. Die Möglichkeiten im Gebrauch des *Fraseo* reichen vom *Fraseo básico* ("Grundfraseo"), ausgeführt innerhalb des durch die starken Zählzeiten des Taktes begrenzten Raumes, über das *Fraseo extendido* ("erweitertes Fraseo"), das rhythmische Freiheiten jenseits dieser Grenzen kennt, bis zu einer Verwendung des Rubato, die schließlich die Taktstriche aufhebt, wenn das ganze Orchester in dieser Weise spielt (z.B. beim Orchester von O. Pugliese).

SATZWEISEN DER MELODIE

Im Tango sind folgende Besetzungen der Melodie am gebräuchlichsten:

⦿ **Solo:** Ein einzelnes Instrument trägt die Melodie vor.

⦿ **Soli:** Verschiedene Instrumente spielen eine Melodie homorhythmisch (zum Beispiel die Streicher und/oder die Bandoneons).

⦿ **Tutti:** Das ganze Orchester spielt homorhythmisch dieselbe musikalische Idee.

Jede Satzweise zur Melodie kennt besondere Regeln im Gebrauch der Gestaltungsmittel des Genres.[12]

RHYTHMUS UND EXPRESSIVITÄT IM ZUSAMMENSPIEL

Spielt ein Instrument eine Melodie mit expressivem *Fraseo*, muss das Orchester bzw. die Begleitgruppe den regelmäßigen rhythmischen Fortgang "aufrechterhalten", darf sich also von den rhythmisch-melodischen Abwandlungen des Solisten nicht beeinflussen lassen.
Das verleiht dem Spieler des *Fraseo* Freiheiten und lässt den typischen "Swing" des Tango erklingen. Das rhythmisch-harmonische Fundament "zieht nach hinten" ("*playing laid back*" sagen die Jazzmusiker, die des Tango sprechen vom "*tironeo hacia atrás*"), während die Melodie frei darüber fliegt.

⑫ Einzelheiten dazu finden sich im Kapitel "Spielen im Tango-Ensemble", S. 106.

OUTILS EXPRESSIFS

LE FRASEO

Nous appelons *fraseo* (phrasé) l'action de « dire » la mélodie en modifiant son rythme dans un but expressif. Il est important de prendre en compte le fait que normalement on ne devrait pas jouer une mélodie chantable avec le rythme qui est écrit : les valeurs rythmiques sur la partition doivent être considérées uniquement comme des indications.
Les possibilités d'utiliser le *fraseo* vont depuis ce que l'on appelle le *fraseo básico* (« phrasé de base »), que l'on utilise dans les limites des temps forts de la mesure ; il passe par le *fraseo extendido* (« phrasé étendu ») (qui acquiert une certaine liberté rythmique au-delà desdites limites) et va jusqu'à l'utilisation du rubato qui parvient à effacer la ligne de la mesure lorsqu'il est exécuté par tout l'orchestre (comme, par exemple, l'orchestre d'Osvaldo Pugliese).

TEXTURES

Dans le tango, les textures les plus communes sont les suivantes :

⦿ **Solo:** un instrument en particulier exprimant la mélodie.

⦿ **Soli:** plusieurs instruments jouant une mélodie de façon homorythmique (par exemple les cordes et/ou les bandonéons).

⦿ **Tutti:** tout l'orchestre joue une même idée de façon homorythmique.

Pour chaque texture il existe des règles particulières servant à utiliser les outils du genre.[12]

RYTHME ET EXPRESSION EN PARALLÈLE

Lorsqu'un instrument joue une mélodie avec un *fraseo* expressif, l'orchestre ou le groupe d'accompagnement doit « soutenir » la marche rythmique de façon stable, sans être affecté par les modifications de rythme et de mélodie du soliste.
Cela donne de la liberté à celui qui joue le *fraseo* et permet d'écouter le « swing » typique du tango : la base de la rythmique fait un « *laid-back* » (un *playing laid back* dans le jargon du jazz ou un *tironeo hacia atrás* « tiraillement vers l'arrière » dans celui du tango), tandis que la mélodie survole librement cette base.

⑬ Pour plus de détails sur l'utilisation de ces outils, se reporter au chapitre intitulé « Jouer dans un ensemble de tango », page 106.

DIE MELODIE
LA MÉLODIE

Viele Melodien sind schon in der Komposition selbst (in den Phrasen oder Halbphrasen) rhythmisch oder expressiv geprägt. So ist z.B. die Melodie von **La yumba** (O. Pugliese) nur schwer als eine expressive begreifbar. Wählen wir dagegen die Melodie von **Mi Buenos Aires querido** (C. Gardel, A. Le Pera), so sagt uns bereits die Melodie selbst, dass sie expressiv gespielt werden will. Rhythmisch interpretiert klänge sie fast unnatürlich.
Der Tango kennt aber auch viele Melodien mit mehrdeutigerem Charakter, die sowohl rhythmisch als auch expressiv verstanden werden könnten.
Dazu muss man sehen, dass die Mehrzahl der im Laufe der Zeit erschienenen Tangonoten Klavierpartituren sind, in denen lediglich die melodische Linie notiert ist. Sie enthalten weder Bindungen noch Hinweise auf die Artikulation. Die Begleitung erschöpft sich in den zugehörigen Harmonien.
Fängt man das Tangospielen mit solchen Noten an und versucht, sie stilecht erklingen zu lassen, so kann das schwierig werden. Es fehlt eines der wichtigsten Dinge: die Orchestrierung bzw. das Arrangement. Wer ein bewanderter Tangomusiker werden will, für den sind die Formen des Umgangs mit der Melodie, die Begleitvarianten, die Orchestrierung und schließlich die Stile spannende Kapitel. Man lernt zunächst die besonderen Techniken kennen und kann später sogar die Rolle des Arrangeurs und/oder Komponisten einnehmen.
Heute schreiben die Komponisten in der Mehrzahl ihre verlegten Werke bereits mit beigefügter Orchestrierung. Das erlaubt es mehr Interpreten, sich der neuen Musik des Tango zu nähern.
Noch einmal sei betont, dass alle Inhalte und Techniken, die wir kennenlernen werden, geeignet sind, sowohl im traditionellen Tango Verwendung zu finden als auch in den Werken Astor Piazzollas und in erst noch zu schaffenden Tango-Kompositionen.

ERKENNEN, WIE EINE MELODIE ZU BEHANDELN IST

Lesen wir eine Stelle in einer Notenausgabe, die bereits ein Arrangeur und/oder ein das Genre beherrschender Komponist gesetzt hat, so sieht man leicht, ob eine "rhythmische" oder "expressive" Phrase vorliegt. An der Notation von Staccatos und Akzenten erkennt man die rhythmische und an der Einzeichnung von Bögen für längere Phrasen die expressive Melodie.

De nombreuses mélodies possèdent, dans leur composition même (dans les phrases ou demi-phrases), une nature rythmique ou expressive déjà déterminée : prenons par exemple le cas de **La yumba** d'Osvaldo Pugliese : il est difficile de l'interpréter comme une mélodie expressive. En revanche, si l'on prend le cas de la mélodie de **Mi Buenos Aires querido** de Carlos Gardel et d'Alfredo Le Pera, la mélodie en elle-même nous indique qu'elle devrait être jouée de façon expressive, et qu'il s'avérerait contre-nature de la jouer de façon rythmique.
Il existe aussi dans le tango nombre de mélodies de nature plus ambiguë dont l'interprétation peut être ou rythmique ou expressive.
Il est important de prendre en compte le fait que la majorité des partitions de tango publiées au fil du temps sont notées pour le piano : la seule indication est la ligne mélodique, dépourvue de liaisons et d'articulations et elles ont, pour seul accompagnement, une harmonie référentielle.
C'est pourquoi il peut s'avérer difficile de commencer à jouer le tango à partir de ce type de partitions et d'essayer de jouer avec le style adéquat, car un élément essentiel fait défaut : l'orchestration ou l'arrangement de cette musique.
Pour ceux qui souhaitent devenir experts dans le langage du tango, il faut savoir qu'il est passionnant d'étudier le traitement des mélodies, les formes d'accompagnement, l'orchestration et les différents styles afin d'aborder les techniques spécifiques et de pouvoir, ensuite, devenir arrangeur et/ou compositeur.
À l'heure actuelle la majorité des compositeurs publient leurs œuvres en y incluant l'orchestration, ce qui facilite à l'interprète l'approche de la nouvelle musique de tango.
Il est important de dire que tous les concepts et les techniques que nous allons voir peuvent être utilisés aussi bien pour le tango traditionnel que pour les œuvres d'Astor Piazzolla et les nouvelles compositions de tango.

RECONNAISSANCE DU TRAITEMENT MÉLODIQUE

En lisant une phrase d'une partition orchestrée par un arrangeur et/ou compositeur spécialiste du genre, nous pourrons reconnaître facilement s'il s'agit d'une phrase « rythmique » ou « expressive » en raison de la présence de staccatos et d'accents dans le cas de la mélodie rythmique, et de liaisons d'expression dans le cas de la mélodie expressive :

EL CHOCLO
Á. VILLOLDO

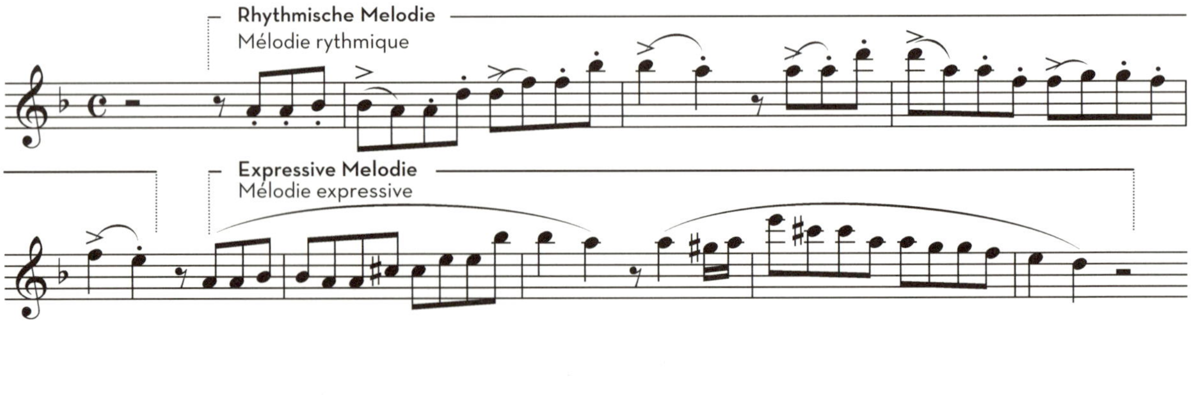

DER TANGO NÄHRT SICH AUS DEM MITEINANDER ZWEIER FUNDAMENTALER KOMPONENTEN: RHYTHMUS UND EXPRESSIVITÄT. BEIDE WECHSELN SICH NACH PHRASEN ODER KURZEN MUSIKALISCHEN EINHEITEN AB. DAS SCHAFFT KONTRASTE, VON DENEN DIE MELODISCHE ENTFALTUNG LEBT.

LA MUSIQUE DE TANGO SE NOURRIT DE LA COEXISTENCE DE DEUX ASPECTS FONDAMENTAUX : LE RYTHME ET L'EXPRESSION. MÉLODIQUEMENT PARLANT, LES DEUX VARIABLES ALTERNENT, PAR PHRASES OU PAR PETITS FRAGMENTS, GÉNÉRANT LES CONTRASTES DU DÉVELOPPEMENT MÉLODIQUE.

EXPRESSIVE MELODIE

MÉLODIE EXPRESSIVE

DARAN ERKENNT MAN SIE

⦿ Ein Bogen umschließt in der Regel Phrase für Phrase.

Sehr gebundene Ausführung.

Gebrauch des *Fraseo* (*Fraseo básico* und *Fraseo extendido*).

In der Regel wird der notierte Rhythmus nicht eingehalten.

Angereichert mit Verzierungen.

Die Interpretation variiert oft.

COMMENT LA RECONNAÎTRE

⦿ Par la liaison d'expression qu'elle contient (normalement) à chaque phrase.

Exécution très liée.

Utilisation du *fraseo* (*básico* et *extendido*).

Normalement, ne respecte pas la rythmique écrite.

Ajout de fioritures.

L'interprétation peut varier spontanément.

RHYTHMISCHE MELODIE

MÉLODIE RYTHMIQUE

DARAN ERKENNT MAN SIE

⦿ An den Artikulationszeichen und Akzenten.

⦿ Die Bögen verbinden in der Regel nur zwei Töne.

Der Rhythmus ist zu spielen wie notiert.

Akzentuierte Töne erhalten großes Gewicht (erheblich mehr als in der klassischen Musik) und Töne ohne Akzent werden von solchen mit Akzent verdeckt, werden sofort piano gespielt.

Spürbare Wirkung: Akzent = *a tierra* ("zur Erde")
Die übrigen Töne bis zum nächsten Akzent = "prallen in die Luft".

Gebrauch des *Arrastre*.

Gebrauch von Synkopen.

Gebrauch von perkussiven Effekten auf dem Instrument.

COMMENT LA RECONNAÎTRE

⦿ Par les articulations et les accents.

⦿ Normalement, les liaisons unissent uniquement deux sons.

Le rythme doit être joué comme il est écrit.

Les sons accentués prennent une importance accrue (plus importante que dans la musique classique) et les sons qui n'ont pas d'accent restent cachés derrière les sons accentués, qui sont immédiatement joués *piano*.
Effet physique : accent vers la terre.
Les autres sons, jusqu'à l'accent suivant = « rebondissent en l'air ».

Utilisation des *arrastres*.

Utilisation de syncopes.

Utilisation d'effets en percutant sur l'instrument.

KURZE UND LANGE AKZENTE

Kurzer Akzent

Vor allem in Stilen mit einer Taktmarkierung in 2 verwendet, etwa bei Pugliese. Beispiel: **La yumba** (O. Pugliese)

Langer Akzent

Vor allem in Stilen mit einer Taktmarkierung in 4 verwendet, wie bei Troilo und Piazzolla. Bsp.: **Adiós Nonino** (A. Piazzolla).

ACCENTS COURTS ET LONGS

Accent court

Utilisé principalement par les styles avec un battement en 2, comme chez Pugliese. Exemple : **La yumba** d'Osvaldo Pugliese.

Accent long

Utilisé principalement par les styles avec un battement en 4, comme chez Troilo et Piazzolla. Exemple : **Adiós Nonino** d'Astor Piazzolla.

WIE GEHT ES BEI EINER NOCH NICHT ARRANGIERTEN MELODIE?

Wer ein Tango-Arrangeur werden möchte, der kann das nur durch ein eingehendes Studium des Genres erreichen, bei dem er den Umgang mit jedem einzelnen Aspekt der Tangosprache erlernt.
Allerdings ist es überhaupt nicht ungewöhnlich, wenn sich ein Interpret vor der Aufgabe sieht, eine Version eines noch nicht orchestrierten Themas zu erstellen, obwohl ihm eigentlich die gründliche Ausbildung für das Anfertigen eigener Orchestrierungen fehlt. Daher will ich hier einige Ratschläge geben, wie das Herangehen an eine solche Arbeit leichter wird.

⦿ Sieh dir zunächst den Charakter jeder Passage der Melodie an, prüfe, welche Melodie gebundener (oder expressiver) "Natur" und welche Melodie rhythmischer "Natur" ist.

⦿ Hör dir die größtmögliche Zahl an Fassungen des Themas an, zu dem eine "Version" erstellt werden soll.

⦿ Experimentiere und spiele jede Phrase abwechselnd in der einen oder anderen Art.

Hören, Analyse und Nachspielen sind grundlegende Techniken zur Annäherung an das Genre. Ich empfehle, dafür jene Version zu verwenden, die in ihrem Umgang mit der Melodie (Phrase für Phrase) stilistisch und hinsichtlich musikalischer Expressivität am markantesten ist.[13]

⑬ Siehe auf S. 113 die zum Anhören und für die Analyse vorgeschlagenen Orchester und Tango-Gruppen

POUR UNE MÉLODIE N'AYANT PAS ÉTÉ ARRANGÉE

Pour devenir arrangeur de tango, il faut avoir étudié en profondeur le genre et avoir des connaissances solides du traitement de chacun des aspects du langage du tango.
Il n'est toutefois pas rare que l'interprète prenne l'initiative de créer une version d'un thème qui n'est pas orchestré. Dans ce cas, et étant donné qu'il ne dispose pas de la formation nécessaire pour réaliser sa propre orchestration, voici quelques recommandations qui l'aideront à mieux procéder :

⦿ Observer d'abord la nature de chaque partie de la mélodie : voir quelle mélodie est naturellement liée (ou expressive) et quelle mélodie est naturellement rythmique.

⦿ Écouter le plus grand nombre possible de versions du thème pour lequel vous souhaitez créer une nouvelle version

⦿ Répéter en jouant chaque phrase en alternant une modalité ou l'autre.

Étant donné que l'écoute, l'analyse et la transcription sont des techniques fondamentales pour connaître le genre, il est recommandé de puiser la forme de traitement mélodique (phrase par phrase)[13] dans la version ayant le plus de style et d'expression musicale.

⑬ Voir page 113 les orchestres et ensembles recommandés pour l'écoute et l'analyse.

DIE EXPRESSIVE MELODIE
LA MÉLODIE EXPRESSIVE

Die Welt der Expressivität bevölkern im Tango die melodischen Phrasen. Fundamental für deren expressive Gestaltung ist die Anwendung des *fraseo*.

So nennen wir einen Akt des "Aussprechens" der Melodie, der rhythmische Modifikationen vornimmt und Intentionen hinzufügt. Das Ziel dabei ist immer, den expressiven Gehalt einer Melodie herauszuarbeiten. Eine expressive Melodie sollte nicht im notierten Rhythmus gespielt werden. Die auf dem Notenpapier stehenden rhythmischen Werte sind lediglich als Orientierung zu sehen. Nur ihr Gewicht nach Dauer und Stellung im Takt ist zu beachten. Allerdings sind wiederum auch diese Vorgaben für Abwandlungen im individuellen Spiel offen.

Dans le tango, le monde de l'expression est rempli de mélodies liées. L'utilisation du *fraseo* représente un outil expressif fondamental.

Nous désignons le *fraseo* comme l'action de « dire » la mélodie en modifiant son rythme et en ajoutant des intentions, dans le but de mettre en valeur le sens expressif de cette mélodie.
Il est important de prendre en considération le fait que, en règle générale, on ne devrait pas jouer une mélodie expressive en suivant le rythme tel qu'il est écrit : les valeurs rythmiques sur le papier ne sont que des indications ; seul est à considérer le degré d'importance de ces valeurs par rapport à leur durée et leur emplacement dans la mesure. Il reste cependant toujours possible de ne pas obéir à ces règles.

Das *Fraseo* wirkt als ein Unterstreichen des Ankommens in den starken Zählzeiten des Taktes.

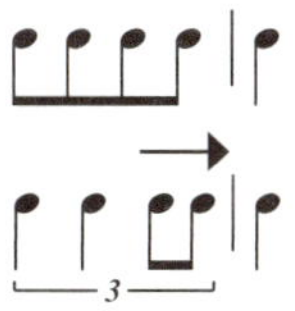

Le *fraseo* agit comme une façon de mettre en valeur l'entrée des temps forts de la mesure

EINE MELODIE IN NOTIERTER FORM – UND WIE SIE "MIT *FRASEO*" KLINGEN KÖNNTE.

Hier bewirkt das *Fraseo*, indem es die Tondauern an die Zählzeit 1 heranrückt, ein Herausstellen dieser starken Zählzeit und gestaltet so bewusst die melodische "Rede". An den im Notenbeispiel eingezeichneten vertikalen Linien sieht man, dass die Noten auf den Zählzeiten 1 und 3 an ihrem Ort bleiben.

COMMENT LA MÉLODIE EST-ELLE ÉCRITE ET COMMENT POURRAIT-ON LA JOUER AVEC FRASEO

Dans ce cas, en raison du *fraseo*, en rapprochant les durées vers la note dans le temps 1, on accentue le discours mélodique en soulignant ce temps fort. Avec les lignes verticales marquées dans l'exemple, on peut observer la façon dont les notes dans les temps 1 et 3 conservent leur emplacement.

TRACK 01

MALENA
L. DEMARE,
H. MANZI

Variiert man den internen Rhythmus einer expressiven Melodie täglich etwas anders, so findet man sein eigenes "Aussprechen".
◉ ***Fraseo básico.* ("Grundfraseo")** Nimmt Variationen der Melodie innerhalb der Zählzeiten 1-2 oder 3-4 vor. Das Ankommen der Melodie bei den betonten Zeiten (1 und 3), mit der Harmonie, wird (wie im Beispiel dargestellt) eingehalten. In Solis ist dieses *Fraseo* das gebräuchlichste.
◉ ***Fraseo extendido.* ("Erweitertes *Fraseo*")** Bricht mit der genannten Regel, bewegt sich über die starken Zählzeiten hinweg und lässt harmonische Spannungen entstehen. Die Harmonie, über der sich das *Fraseo extendido* entfaltet, bleibt bewusst und die Zählzeiten dienen als Orientierungspunkte. Das *Fraseo* versteht sich hier als eine gesamte Phrase umfassend und es bringt diese zum Ausdruck. Verwendung findet es in der solistisch besetzten Melodie.[14]

(14) Einzelheiten zu Besetzungsweisen der Melodie und ihren jeweiligen Gestaltungsmitteln finden sich auf S. 108.

En modifiant chaque jour, d'une façon différente, le rythme interne de chaque mélodie expressive, on peut explorer la façon même de « dire ».
◉ ***Fraseo básico* (« Phrasé de base »).** Il effectue des variations dans la mélodie à l'intérieur des temps 1-2 ou 3-4 de la mesure; en d'autres termes, en respectant l'entrée de la mélodie dans les temps forts de la mesure (1 et 3) en même temps que l'harmonie, comme indiqué dans l'exemple mentionné. Ce *fraseo* est le plus courant lorsque la mélodie est orchestrée comme un solo.
◉ ***Fraseo extendido* (« Phrasé étendu »)** Il s'agit du *fraseo* qui brise ce modèle et évolue en croisant les temps forts, en créant des tensions harmoniques que l'on peut soutenir plus ou moins dans le temps, si l'on tient compte de l'harmonie sur laquelle il se développe. Ce *fraseo* est conçu et exprimé dans le contexte de la phrase. Il est utilisé lorsque la mélodie est orchestrée comme un solo.[14]

(14) Pour obtenir plus de détails sur les textures et les outils utilisés dans ce domaine, se reporter à la page 108.

FRASEO BÁSICO
LE FRASEO BÁSICO

DAS *FRASEO BÁSICO* WANDELT WIE GESAGT DEN NOTIERTEN RHYTHMUS AB, BEHÄLT JEDOCH ALS ZIELPUNKTE DIE ZÄHLZEITEN 1 UND 3 DES TAKTES BEI.

Anders ausgedrückt: Innerhalb der Zählzeiten 1-2 und 3-4 können wir frei phrasieren.

COMME NOUS L'AVONS DÉJÀ DIT, LE *FRASEO BÁSICO* EST CELUI QUI MODIFIE LE RYTHME ÉCRIT TOUT EN RESPECTANT COMME POINTS D'ARRIVÉE LES TEMPS 1 ET 3 DE LA MESURE.

En d'autres termes, on peut phraser librement dans le cadre des temps 1-2 ou 3-4 de la mesure.

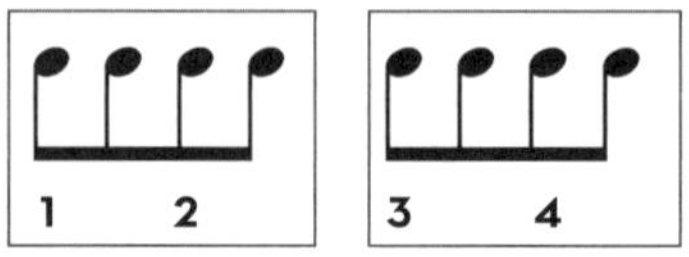

Verwenden wir die folgend vorgestellten typischen Modelle des *Fraseo* und spielen damit vielleicht die Melodie des Tangos **Malena**, erhalten wir eine Version wie diese:

En utilisant ces modèles typiques du *fraseo* que nous allons étudier par la suite, nous pourrions jouer la mélodie du tango **Malena** comme suit :

TRACK 02

MALENA
L. DEMARE,
H. MANZI

Die Eigenheit der Tangosprache selbst verweist darauf, diese *Fraseos* gerade nicht zu notieren. Der originale Rhythmus sollte bei jedem Vortrag mit unterschiedlichen und spontan gespielten *Fraseos* abgewandelt werden.

La particularité du langage est précisément d'indiquer que ces fraseos ne doivent pas être écrits, mais plutôt que le rythme original devrait être modifié par différents *fraseos* créés de façon spontanée lors de chaque interprétation.

FRASEO ABIERTO UND FRASEO CERRADO

Wir können weiterhin von *Fraseo abierto* ("offenes" *Fraseo*) und *Fraseo cerrado* ("geschlossenes" *Fraseo*) sprechen, wobei das *Fraseo abierto* die modernere Variante ist.

⦿ *Fraseos cerrados* versammeln am Ende verschiedene Töne von kurzer Dauer.

⦿ Bei den *Fraseos abiertos* herrschen die zu Triolen gruppierten Werte vor. Das schafft größere Distanz zwischen den Noten.

LE FRASEO CERRADO ET LE FRASEO ABIERTO

Nous pouvons, en outre, parler de *fraseos cerrados* (« fermés ») ou *fraseos abiertos* (« ouverts ») ; les premiers étant les plus anciens et les seconds plus récents.

⦿ Les *fraseos cerrados* sont ceux qui accumulent plusieurs sons de courte durée à la fin.

⦿ Les *fraseos abiertos* ont une prépondérance de valeurs de triolet, ce qui crée une plus grande distance entre les notes.

ARTEN DES FRASEO
TYPES DE FRASEO

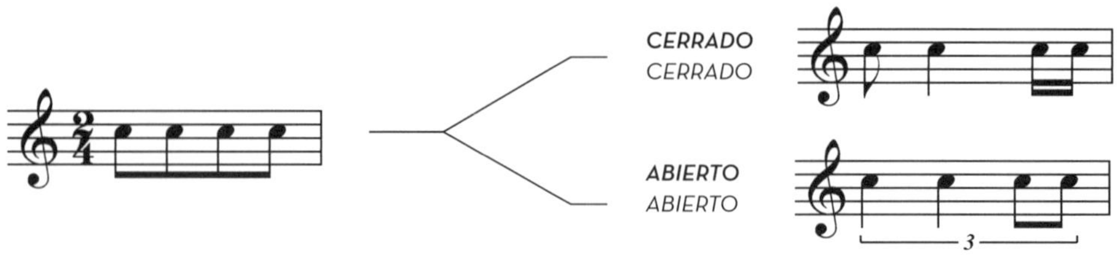

Die Möglichkeiten des *Fraseo* wollen wir nun mit drei verschiedenen Techniken erkunden:

⦿ *Fraseo* mit typischen rhythmischen Modellen;
⦿ *Fraseo*, bei dem eine Note pro Phrase ausgewählt wird;
⦿ *Fraseo*, bei dem an den Text gedacht wird.

Pour commencer à explorer les possibilités du *fraseo*, nous aurons recours à trois techniques différentes :

⦿ Phraser avec des modèles rythmiques typiques
⦿ Phraser en choisissant une note par phrase
⦿ Phraser en pensant aux paroles.

TECHNIK 1

FRASEO MIT TYPISCHEN RHYTHMISCHEN MODELLEN

Nehmen wir eine Gruppe von vier Achtelnoten, so können wir bei den gebräuchlichsten rhythmischen Zellen ansetzen, um einen Einstieg in das Erlernen des eigentlichen *Fraseo* zu finden.

Abwandlungen von

werden wir Typ A nennen.

Abwandlungen der gleichen Gruppe, jedoch mit stummer erster Achtel

nennen wir Typ B.

TECHNIQUE 1

FRASEO AVEC LES MODÈLES RYTHMIQUES TYPIQUES

Si on se base sur un groupe de quatre croches, on peut partir des cellules rythmiques de *fraseo* les plus courantes comme point de départ de notre exploration.

Nous appellerons les modifications pour

de type A.

Nous appellerons les modifications pour le même groupe mais avec une première croche muette

de type B.

GRUPPEN DES TYPS A
GROUPES DE TYPE A

FRASEO ABIERTO

1

2

FRASEO CERRADO

3

4

GRUPPEN DES TYPS B
GROUPES DE TYPE B

FRASEO ABIERTO

5

6

FRASEO CERRADO

7

8

» **SEITE** PAGE **21**

ÜBUNG 1 FRASEO MIT GRUPPEN DES TYPS A
MALENA THEMA **A**

UNTERSCHEIDE IN DER TANGO-MELODIE DIE GRUPPEN NACH IHRER RHYTHMIK IN A UND B.
NIMM DIE RHYTHMISCHE VARIATION NR. 1.
SPIELE DEN ERSTEN TEIL UND GESTALTE IMMER DANN, WENN EINE GRUPPE DES TYPS A KOMMT, EIN *FRASEO* NACH DEM RHYTHMISCHEN MODELL 1.
MACHE DAS GLEICHE MIT DEN VARIANTEN 2, 3 UND 4.

ÜBUNG 2 FRASEO MIT GRUPPEN DES TYPS B
MALENA THEMA **A**

NIMM DIE RHYTHMISCHE VARIATION NR. 5.
SPIELE WIEDER MALENA **UND MODIFIZIERE BEI JEDER GRUPPE DES TYPS B MIT DER RHYTHMISCHEN VARIATION 5.**
MACHE DASSELBE MIT DEN VARIANTEN 6, 7 UND 8.

Benutze für diese Übung die Mitspielfassung auf der CD 2.

EXERCICE 1 FRASEO AVEC LES GROUPES A
MALENA THÈME **A**

DISTINGUEZ, DANS LA MÉLODIE DU TANGO, ENTRE LES GROUPES A ET B EN RAISON DE LEUR RYTHMIQUE.
PRENEZ LA VARIATION RYTHMIQUE NUMÉRO 1.
JOUEZ LE FRAGMENT PHRASÉ À CHAQUE FOIS QUE LE GROUPE A APPARAÎT, AVEC LE MODÈLE RYTHMIQUE 1.
FAITES LA MÊME CHOSE AVEC LES VARIANTES 2, 3 ET 4.

EXERCICE 2 FRASEO AVEC LES GROUPES B
MALENA THÈME **A**

PRENEZ LA VARIATION RYTHMIQUE NUMÉRO 5.
REJOUEZ MALENA EN MODIFIANT CHAQUE GROUPE B AVEC LA VARIATION RYTHMIQUE 5.
FAITES LA MÊME CHOSE AVEC LES VARIANTES 6, 7 ET 8.

Pour cet exercice, utilisez la version d'accompagnement disponible sur le CD 2.

MALENA
TANGO

MUSIK MUSIQUE
LUCIO DEMARE
TEXT PAROLES
HOMERO MANZI

MITSPIELEN **POUR JOUER** TRACK 02

TECHNIK 2

FRASEO MIT WAHL EINER NOTE AUS JEDER PHRASE

Natürlich wählen wir bei der Interpretation eines Tango das *Fraseo* weder willkürlich aus noch benutzen wir immer das gleiche *Fraseo*. Überdies dürfte es unzählige Formen der Kombination geben.
Eine Möglichkeit, um ein geschmeidigeres *Fraseo* zu erkunden, ist die Auswahl derjenigen "Ideen" aus einer Melodie (bzw. der für eine Idee stehenden Noten), die uns besonders interessant und des Herausstellens Wert scheinen. Daran richten wir dann das *Fraseo* aus.
Die Absicht des Hervorhebens könnten wir ausdrücken, indem wir den Wert der ausgewählten Note verlängern und dafür die anderen, um es anschaulich auszudrücken, in der im Takt verbleibenden Zeit "zusammenballen" – oder im Raum bis zum nächsten Ruhepunkt der Melodie. Im folgenden Beispiel habe ich die "herausgestellten" Noten über den Linien mit dem Portato-Zeichen (–) versehen und darunter die Wirkung des *Fraseo* notiert.

TECHNIQUE 2

FRASEO EN CHOISISSANT UNE NOTE PAR PHRASE

Bien entendu, lorsque nous interprétons un tango, nous ne choisissons pas le *fraseo* de façon arbitraire et nous n'effectuons pas toujours le même *fraseo* ; de plus, les combinaisons sont infinies.
L'une des façons de trouver un *fraseo* plus souple consiste à choisir les « idées » (ou les notes saillantes d'une idée) dans une mélodie, celles qui nous semblent les plus intéressantes à mettre en valeur, pour phraser en conséquence.
Pour souligner cette intention, nous pouvons faire en sorte que cette note soit plus longue et que les autres demeurent, pour ainsi dire, « agglomérées » dans le temps qui leur reste dans la mesure ou jusqu'au prochain point de repos mélodique. Dans l'exemple suivant, les notes « mises en relief » sont indiquées avec le signe (–) *portato* au-dessus de la portée ; en-dessous, l'effet du *fraseo* :

TRACK 03

MALENA
L. DEMARE,
H. MANZI

ÜBUNG 3 FRASEO MIT AUSWAHL VON NOTEN
MALENA THEMA **A + B**

- **NIMM EINEN STIFT UND ZEICHNE EINEN KREIS ODER EIN ANDERES ZEICHEN ÜBER DIE AUSGEWÄHLTE NOTE ODER NOTEN (ICH EMPFEHLE, EINE ODER ZWEI PRO PHRASE ZU NEHMEN).**
- **ÜBE SO, DASS DU DIESE NOTE MIT EINEM RECHT "LANGEN" WERT SPIELST UND DIE RESTLICHEN NOTEN IN DEM BIS ZUR NÄCHSTEN STARKEN ZÄHLZEIT VERBLEIBENDEN RAUM UNTERBRINGST.**
- **DENKE BEWUSST AN DIE STÜTZPUNKTE IN DEN ZEITEN 1 UND 3 JEDES TAKTES.**
- **VERLÄNGERE DEN GEWÄHLTEN TON SO WEIT ALS MÖGLICH UND SCHAFFE EINE DEUTLICHE DIFFERENZ ZWISCHEN DIESEM UND DEN VERBLEIBENDEN.**

EXERCICE 3 FRASEO EN CHOISISSANT LES NOTES
MALENA THÈME **A + B**

- À L'AIDE D'UN CRAYON, ENTOUREZ D'UN CERCLE OU D'UN SIGNE DISTINCTIF LA OU LES NOTES SÉLECTIONNÉES (JE SUGGÈRE D'EN CHOISIR UNE OU DEUX PAR PHRASE).
- RÉPÉTEZ EN JOUANT CETTE NOTE AVEC UNE VALEUR BIEN « LONGUE » ET ORGANISEZ LES AUTRES NOTES DANS L'ESPACE RESTANT JUSQU'AU PROCHAIN TEMPS FORT.
- REPRÉSENTEZ-VOUS CLAIREMENT LES POINTS D'APPUI DANS LES TEMPS 1 ET 3 DE CHAQUE MESURE.
- RALLONGEZ AU MAXIMUM LE SON SÉLECTIONNÉ, EN CRÉANT UNE VÉRITABLE DISTINCTION ENTRE CE SON ET LES AUTRES.

TECHNIK 3

FRASEO, BEI DEM AN DEN TEXT GEDACHT WIRD

Verfügt ein Tango über einen Text, so ist es ein sehr interessantes Vorgehen, an diesen zu denken, um daraus die wichtigste Phrase oder das bedeutsamste Wort auszuwählen (auf Grund des Inhalts oder rein persönlicher Vorliebe). Diese Konzeption eines *Fraseo* lädt uns zu Modifizierungen ein, die uns andernfalls vielleicht nicht in den Sinn gekommen wären. Zudem gilt: Wenn wir den Text kennen und Elemente auf Grund ihres Inhalts herausstellen, so wird es für einen Hörer sicher vertrauter klingen. Im folgenden Beispiel denke ich an den Text von **Malena**: *Malena canta el tango, como ninguna…* ("Malena singt den Tango wie sonst keine…")
Und ich wähle aus, was für mich am wichtigsten ist:

- dass es **Malena** ist, die singt…
- dass Malena den Tango **singt** ("*canta*")…
- dass Malena **Tango** singt…

Schauen wir, welche *Fraseos* mit dieser Auswahl entstehen könnten:

TECHNIQUE 3

FRASEO EN PENSANT AUX PAROLES

Lorsque le tango dispose, en outre, de paroles, il devient très intéressant de se consacrer au texte afin d'y choisir un mot ou une phrase (qu'il s'agisse du contenu ou d'un simple choix personnel). Cette manière de concevoir le *fraseo* nous invite à faire des modifications que nous n'aurions peut-être pas imaginées dans une autre situation. De plus, si nous connaissons les paroles et soulignons certains éléments en raison de leur contenu, le morceau deviendra beaucoup plus familier à l'oreille de celui qui l'écoute. Dans l'exemple suivant, je pense aux paroles de **Malena** : *Malena canta el tango, como ninguna* (« Malena chante le tango comme aucune autre »)
Et je choisis ce qui semble le plus important à mes yeux, à savoir :

- que c'est **Malena** qui chante …
- que Malena **chante** un tango…
- que Malena chante le **tango**…

Voyons à présent les *fraseos* que l'on pourrait créer à partir de ces choix :

TRACK 04

MALENA
L. DEMARE,
H. MANZI

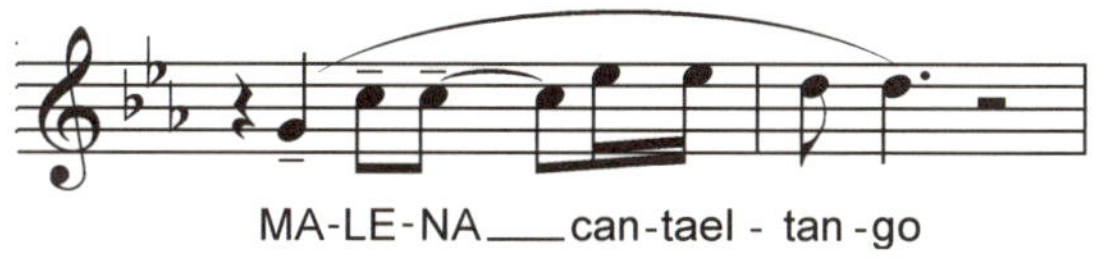

So wähle ich weiter bestimmte Teile der Melodie in Abhängigkeit von ihrem Sinn:

De cette façon, je choisis des parties spécifiques de la mélodie en fonction de leur signification.

Malena ***can****ta el tango como ninguna y en* ***cada*** *verso* ***pone*** *su corazón.*

ÜBUNG 4 FRASEO MIT DEM TEXT
MALENA THEMA **A**

- **ARBEITE AM TEXT UND ZEICHNE FÜR JEDEN TEIL DER PHRASE EIN WORT ODER EINEN TEIL DARAUS AN**
MALENA CANTA **EL TANGO / COMO NIN**GUNA
- **FÜGE DIESE ANZEICHNUNGEN IN DEN TEXT DES VORLIEGENDEN TANGO EIN.**
- **VERLÄNGERE DAS AUSGEWÄHLTE WORT ODER DEN TEIL SO WEIT ALS MÖGLICH. DIE SICH DARUM HERUM GRUPPIERENDEN VERBLEIBENDEN NOTEN WERDEN DADURCH VIEL KÜRZERE WERTE HABEN.**

EXERCICE 4 FRASEO AVEC LES PAROLES
MALENA THÈME **A**

- EN TRAVAILLANT SUR LES PAROLES, INDIQUEZ UNE PAROLE OU UNE PARTIE DE CETTE PAROLE, POUR CHAQUE PARTIE DE LA PHRASE.
MALENA CANTA **EL TANGO /COMO NIN**GUNA
- CONSIGNEZ CES INDICATIONS SUR LES PAROLES DU TANGO CHOISI.
- RALLONGEZ AU MAXIMUM CETTE PAROLE OU LA PARTIE CHOISIE, EN AMÉNAGEANT AUTOUR LES AUTRES NOTES QUI AURONT DES VALEURS BEAUCOUP PLUS BRÈVES.

▶ AN DIESEM PUNKT DEINES STUDIUMS DÜRFTEST DU DIE MELODIE VON MALENA **BEREITS AUSWENDIG KENNEN. FALLS NICHT, SO LERNE DEN TANGO PHRASE FÜR PHRASE AUSWENDIG, UM IHN OHNE NOTEN SPIELEN ZU KÖNNEN.**

▶ DENKE NUR AN DEN TEXT UND HEBE MIT NACHDRUCK DIE AUSGEWÄHLTEN WORTE HERAUS.

▶ NUN SPIELE, WÄHREND DU AUSSCHLIESSLICH AN DEN TEXT DENKST, ALLE DEN WICHTIGEN TON UMGEBENDEN NOTEN MIT GERINGEREN WERTEN.

▶ DIE MELODIE SUMMEN UND SIE SPÄTER IN GLEICHER WEISE SPIELEN, HILFT AUSGESPROCHEN BEI DER "TILGUNG" DER STRUKTUR DES GESCHRIEBENEN RHYTHMUS. PROBIER ES AUS!

Malena canta el tango | *como ninguna*
Malena singt den Tango | wie sonst keine

y en cada verso pone | *su corazón.*
und in jede Zeile legt sie | ihr Herz

A yuyo del suburbio | *su voz perfuma,*
Nach Vorstadtunkraut | duftet ihre Stimme,

Malena tiene pena | *de bandoneón.*
Malena hat den Kummer | des Bandoneon.

Tal vez allá en la infancia | *su voz de alondra*
Vielleicht einst in der Kindheit | ihre Stimme einer Lerche

tomó ese tono oscuro | *de callejón,*
nahm diesen düstr'en Ton an | einer engen Gasse,

o acaso aquel romance, | *que sólo nombra*
oder war es doch jene Liebe | von der sie nur spricht

cuando se pone triste | *con el alcohol.*
wenn sie traurig wird | vom Alkohol.

Malena canta el tango | *con voz de sombra,*
Malena singt den Tango | mit schattiger Stimme,

Malena tiene pena | *de bandoneón.*
Malena hat den Kummer | des Bandoneon.

▶ À CE STADE, VOUS CONNAISSEZ DÉJÀ PAR CŒUR LA MÉLODIE DE MALENA. SI CE N'EST PAS LE CAS, APPRENEZ PAR CŒUR CHACUNE DES PHRASES DU TANGO POUR POUVOIR JOUER SANS LIRE LA PARTITION.

▶ PENSEZ UNIQUEMENT AUX PAROLES, EN METTANT EN VALEUR LES PAROLES CHOISIES.

▶ JOUEZ EN PENSANT UNIQUEMENT AUX PAROLES ET EN AMÉNAGEANT AINSI TOUS LES SONS QUI ENTOURENT LE SON LE PLUS IMPORTANT AVEC DES VALEURS MOINS IMPORTANTES.

▶ SI VOUS CHANTEZ EN FREDONNANT LA MÉLODIE PUIS JOUEZ DE LA MÊME FAÇON, VOUS VERREZ QUE CELA AIDE ÉNORMÉMENT À « EFFACER» LA STRUCTURE DE LA RYTHMIQUE ÉCRITE. ESSAYEZ, VOUS VERREZ !

Malena canta el tango | *como ninguna*
Malena chante le tango | comme aucune autre

y en cada verso pone | *su corazón.*
et dans chaque vers met | son cœur.

A yuyo del suburbio | *su voz perfuma,*
L'herbe des faubourgs | parfume sa voix,

Malena tiene pena | *de bandoneón.*
Malena tient sa peine | du bandonéon.

Tal vez allá en la infancia | *su voz de alondra*
Peut-être dans son enfance | sa voix d'alouette

tomó ese tono oscuro | *de callejón,*
a t-elle pris ce ton obscur | de ruelle,

o acaso aquel romance, | *que sólo nombra*
ou est-ce peut-être cette romance | qu'elle ne chante

cuando se pone triste | *con el alcohol.*
que lorqu'elle devient triste | avec l'alcool.

Malena canta el tango | *con voz de sombra,*
Malena chante le tango | avec une voix d'ombre,

Malena tiene pena | *de bandoneón.*
Malena tient sa peine | du bandonéon.

WEITERE MÖGLICHKEITEN

PHRASEN ZUSAMMENFÜGEN

Mit dem *Fraseo* lässt sich auch der Raum zwischen zwei Phrasen "überbrücken", indem die Notenwerte verlängert oder verändert werden. Auf diese Weise können etwa Pausen durch die verlängerten Noten ganz "eingenommen" werden:

AUTRES POSSIBILITÉS

UNIR LES PHRASES

Avec le *fraseo*, il est également possible d'unir l'espace entre deux phrases, en étendant ou en modifiant les valeurs des figures. Ces espaces peuvent ainsi être « occupés » par les notes prolongées :

TRACK 05

MALENA
L. DEMARE,
H. MANZI

CUADRADO SPIELEN (ETWA: "ECKIG" SPIELEN)

Wollen wir in einer Phrase jede einzelne Note herausstellen, so verwenden wir einen Effekt, bei dem der notierte Rhythmus gespielt wird, ohne ihn zu verändern. Dabei ergibt sich eine ähnliche Wirkung wie bei einem im Jazz genutzten Effekt – dem "*straight* spielen" ("gerade" spielen).

JOUER CUADRADO

Lorsque, dans une phrase, on souhaite mettre en valeur chaque note, on utilise l'effet qui consiste à jouer le rythme tel qu'il est écrit, sans le modifier, en créant le même effet que celui qui est utilisé dans le jazz – que l'on appelle « *play straight* » en anglais et « jouer droit » en français.

TRACK 06

MALENA
L. DEMARE,
H. MANZI

ÜBUNG 5 PHRASEN ZUSAMMENFÜGEN UND CUADRADO SPIELEN
MALENA THEMA **A+B**

▶ ÜBE ALLE BISHER ERLERNTEN TECHNIKEN, WOBEI SÄMTLICHE ABÄNDERUNGEN SPONTAN GEBILDET WERDEN SOLLEN.

▶ BAUE DIE TECHNIK DES "*CUADRADO*-SPIELENS" EIN, IN DER JEDE NOTE DER AUSGEWÄHLTEN PHRASE BETONT IST.

▶ PROBIERE, ZWISCHEN EINIGEN PHRASEN GROSSE PAUSEN ZU LASSEN UND/ODER GEWISSE PHRASEN ZU VERBINDEN, INDEM DU DEN DURCH DIE PAUSEN BEZEICHNETEN RAUM MIT TÖNEN FÜLLST.

EXERCICE 5 EN UNISSANT DES PHRASES ET EN JOUANT CUADRADO
MALENA THÈMES **A & B**

▶ RÉPÉTEZ LES TECHNIQUES APPRISES JUSQUE-LÀ EN EFFECTUANT SPONTANÉMENT TOUTES LES MODIFICATIONS.

▶ INTERCALEZ LA TECHNIQUE QUI CONSISTE À JOUER *CUADRADO* EN METTANT EN VALEUR CHAQUE NOTE DANS LA PHRASE SÉLECTIONNÉE.

▶ ESSAYEZ DE GARDER DE GRANDS SILENCES ENTRE DES PHRASES ET/OU D'UNIR CERTAINES PHRASES, EN OCCUPANT L'ESPACE INDIQUÉ PAR LES SILENCES AVEC DES SONS.

» **SEITE** PAGE **26**

ÜBUNG 6 EIN FRASEO ZUM ABSCHLUSS
EL DÍA QUE ME QUIERAS THEMA **A + B**

▶ ERKUNDE UNTER VERWENDUNG ALLER BISHER ERARBEITETEN TECHNIKEN DIE EXPRESSIVEN MÖGLICHKEITEN DER MELODIE EL DÍA QUE ME QUIERAS **(C. GARDEL, A. LE PERA). BILDE DABEI ALLE ÄNDERUNGEN SPONTAN.**

▶ DIESE TECHNIKEN SIND EIN MITTEL ZUR ERKUNDUNG DER MELODISCHEN EXPRESSIVITÄT. INDEM MAN SIE ÜBT, LÄSST SICH EINE EIGENE ART DES FRASEO-SPIELENS GEWINNEN UND MAN BEFREIT SICH VON DEN NOTIERTEN RHYTHMEN.

EXERCICE 6 FRASEO - FIN
EL DÍA QUE ME QUIERAS THÈME **A + B**

▶ EXPLOREZ LES POSSIBILITÉS EXPRESSIVES DE LA MÉLODIE DE EL DÍA QUE ME QUIERAS DE CARLOS GARDEL ET ALFREDO LE PERA EN UTILISANT TOUTES LES TECHNIQUES APPRISES JUSQU'À PRÉSENT ET EN EFFECTUANT SPONTANÉMENT TOUTES LES MODIFICATIONS.

▶ LES TECHNIQUES SERVENT NOTAMMENT À EXPLORER L'EXPRESSIVITÉ. MAIS DE PLUS, EN LES RÉPÉTANT, ON PEUT DÉVELOPPER SON PROPRE STYLE DE FRASEO, EN S'AFFRANCHISSANT DES RYTHMES ÉCRITS SUR LE PAPIER.

EL DÍA QUE ME QUIERAS
TANGO

MUSIK MUSIQUE
CARLOS GARDEL
TEXT PAROLES
ALFREDO LE PERA

MITSPIELEN **POUR JOUER** TRACK 03

FRASEO EXTENDIDO: DER "GUMMI" DES TANGO

FRASEO EXTENDIDO: «L'ÉLASTICITÉ» DU TANGO

In Laufe der Geschichte des Tango gelangte man schliesslich zu einem *Fraseo*, bei dem die Melodie nicht mehr am Ankommen in den Zählzeiten 1 und 3 festhielt. Wir wollen das ein *Fraseo extendido* ("erweitertes" *Fraseo*) nennen.

Sprechen wir von einem erweiterten *Fraseo*, so denken wir nicht in rhythmischen Zellen, der Arbeitsbereich ist vielmehr die Phrase. Die Dauer der Töne wird der Interpretation überlassen. Dieses *Fraseo* ergibt ein für das Genre sehr charakteristisches "*tironeo*" ("Ziehen"), das den durch spontane rhythmische Verzögerungen und Vorwegnahmen hervorgerufenen melodisch-harmonischen Spannungen geschuldet ist.
Das rhythmische Verzögern oder Vorziehen kann den Wert einer haben.
Liegt die Melodie über Akkorden mit dominantischer Funktion, so dürfen die Werte beträchtlich ausgedehnt werden. Haben wir aber einen Takt mit verschiedenen Akkorden unterschiedlicher Funktion oder kommen wir gerade in einer Harmonie mit Tonika-Funktion an, so weichen wir nicht mehr als eine ab, um uns nicht von der Harmonie zu lösen.

DAS ERWEITERTE FRASEO ERKUNDEN

Um in die Möglichkeiten des erweiterten *Fraseo* einzusteigen, verwenden wir zwei Konzepte:
- Später ankommen
- Früher ankommen

Beide Varianten können über der Zählzeit 1 und/oder der Zählzeit 3 eines Taktes eingesetzt werden.

SPÄTER ANKOMMEN

Bezeichnet, wenn die Note auf einer starken Zählzeit (1 oder 3) später kommt als sie sollte. Man erreicht das durch Dehnen der Werte der vorhergehenden Noten. Dabei wird eine nicht notierte melodisch-harmonische Spannung geschaffen.

FRÜHER ANKOMMEN

Die Note, die auf eine starke Zählzeit (1 oder 3) fallen würde, ist vorgezogen zu spielen. Wir können die Note oder Idee so weit vorwegnehmen, wie es unser Gehör – oder unsere Kühnheit – erlauben.

Au cours de l'histoire du tango, la façon de phraser s'est développée jusqu'à en arriver à un type de *fraseo* où la mélodie cesse de respecter les entrées aux temps 1 et 3 de la mesure : c'est ce que nous appelons le *fraseo extendido* (« étendu »).

Lorsque nous parlons de *fraseo extendido*, nous ne faisons pas référence aux cellules rythmiques mais plutôt à l'environnement de travail qui est la phrase. La durée des sons dépend entièrement de l'interprétation.
Cette façon de phraser donne un « étirement » très caractéristique du genre, en raison des tensions mélodico-harmoniques créées en raison des retards et des avances spontanés.
Il est possible que le retard ou l'avance rythmique soit de
Lorsque la mélodie se trouve sur des accords ayant une fonction dominante, il est possible d'étendre nettement les valeurs. En revanche, lorsqu'il s'agit d'une mesure à plusieurs accords ayant différentes fonctions ou que l'on traverse une entrée sur une harmonie de fonction tonique, on ne peut pas s'éloigner de plus d'une pour ne pas perdre l'harmonie.

EXPLORER LE FRASEO EXTENDIDO

Pour commencer à explorer les possibilités du « phrasé étendu », nous utiliserons deux concepts :
- Entrer tard
- Entrer tôt

Ces deux variantes peuvent s'utiliser sur le temps 1 et/ou le temps 3 de la mesure.

ENTRER TARD

C'est lorsque la note qui est dans un temps fort (1 ou 3 de la mesure) apparaît plus tard que prévu. Cet effet peut être obtenu en étendant la durée des notes précédentes et en créant ainsi une tension mélodico-harmonique non écrite.

ENTRER TÔT

Il faut jouer la note qui se trouve dans un temps fort (1 ou 3) de façon anticipée. Il est possible d'anticiper cette note ou cette idée autant que notre oreille – ou notre audace – le permet.

TRACK 07

NARANJO EN FLOR
V. EXPÓSITO,
H. EXPÓSITO

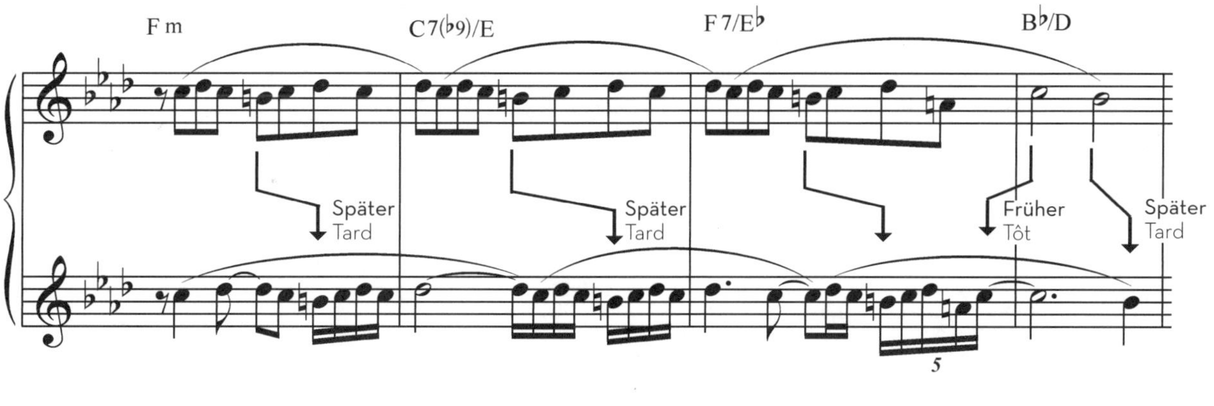

TECHNIK 1

SPÄTER ANKOMMEN BEI ZÄHLZEIT 1

Die letzte Note des Taktes ist über den Schlag 1 des folgenden Taktes hinaus auszuhalten:

TECHNIQUE 1

ENTRER TARD DANS LE TEMPS 1

Il nous faut soutenir la dernière note de la mesure jusqu'après la pulsation 1 de la mesure suivante :

TRACK 08

NARANJO EN FLOR
V. EXPÓSITO,
H. EXPÓSITO

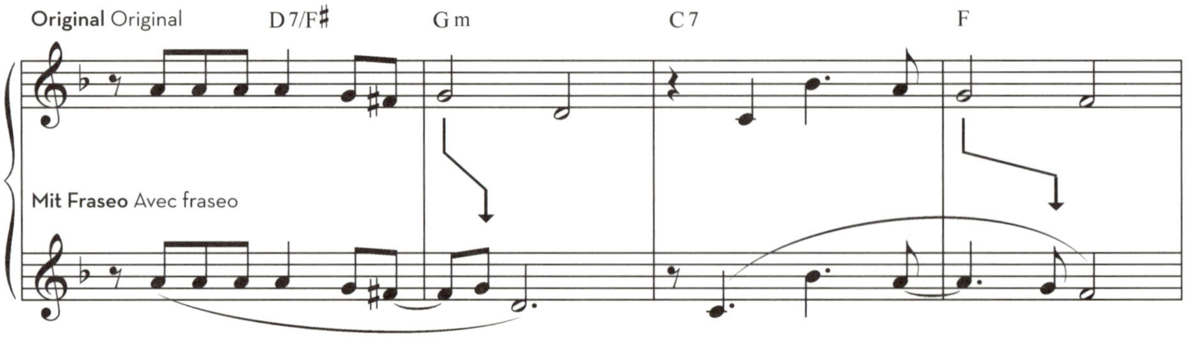

Verwenden wir das gleiche Konzept in einer Melodie mit mehr Noten, so sieht man deutlich, wie der Effekt der Verlängerung eines Tones, der ihn seine Auflösung "später erreichen" lässt, ganz natürlich weitere rhythmische Veränderungen hervorruft

En utilisant le même concept, mais sur une mélodie ayant plus de notes, on constate clairement comment l'effet qui consiste à rallonger un son et à le faire « entrer tard » dans sa résolution entraîne naturellement d'autres changements rythmiques.

TRACK 09

NARANJO EN FLOR
V. EXPÓSITO,
H. EXPÓSITO

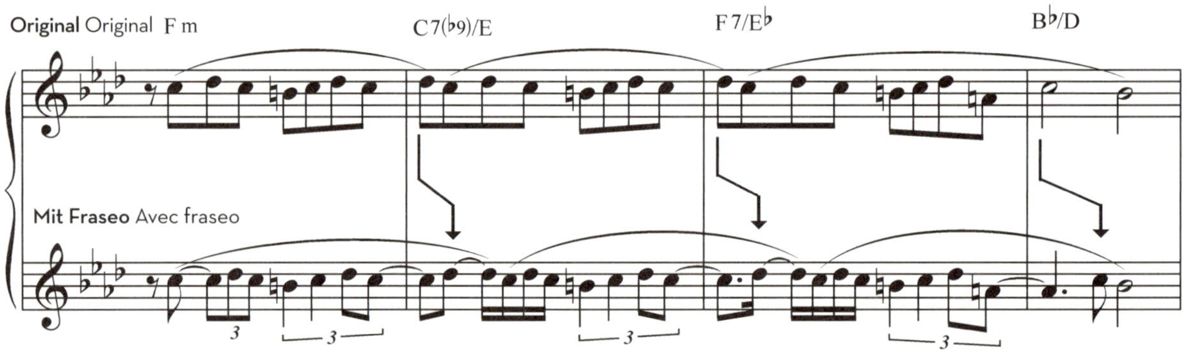

ÜBUNG 7 SPÄTER ANKOMMEN BEI ZÄHLZEIT 1
EL DÍA QUE ME QUIERAS THEMA **A + B**

KOMME BEI ALLEN ZÄHLZEITEN 1 DER TAKTE SPÄTER AN.

- Ich empfehle, zunächst die gegebenen Beispiele bei Lesen der *Fraseo*-Fassung der Melodie zu spielen.
- Spiele danach ein erweitertes *Fraseo*, lies nun aber von der Original-Melodie.
- Versuche beim Üben von **El día que me quieras** die nicht in vorgegebener Weise aufgelöste Note so weit als möglich zu verlängern. Danach spielst du die verbleibenden Noten im noch verfügbaren Raum.
- Verwende die auf CD 2 vorliegende Begleitung, um die harmonischen Spannungen zu hören.

EXERCICE 7 ENTRER TARD DANS LE TEMPS 1
EL DÍA QUE ME QUIERAS THÈMES **A & B**

ENTREZ TARD DANS TOUS LES TEMPS 1 DE TOUTES LES MESURES.

- Il est recommandé de jouer au préalable les exemples indiqués, en lisant la mélodie dans la version *fraseo*.
- Ensuite, entraînez-vous à l'effet du *fraseo extendido* mais en lisant la mélodie originale.
- Pendant l'exercice sur **El día que me quieras**, essayez de prolonger la note non résolue autant qu'il est possible et jouez ensuite les autres notes dans l'espace restant.
- Utilisez la base d'accompagnement disponible sur le CD 2 pour écouter les tensions harmoniques.

TECHNIK 2

SPÄTER ANKOMMEN BEI ZÄHLZEIT 3

Wir müssen bei der Note auf der Zählzeit 3 später ankommen als vorgesehen. Das wird durch Verlängerung der Phrase erreicht, welche die beiden ersten Zählzeiten des Taktes besetzt.

TECHNIQUE 2

ENTRER TARD DANS LE TEMPS 3

Il faut que nous arrivions à la note sur le temps 3 plus tard que prévu. On y parvient en rallongeant la phrase qui occupe les deux premiers temps de la mesure.

TRACK 10

NARANJO EN FLOR
V. EXPÓSITO,
H. EXPÓSITO

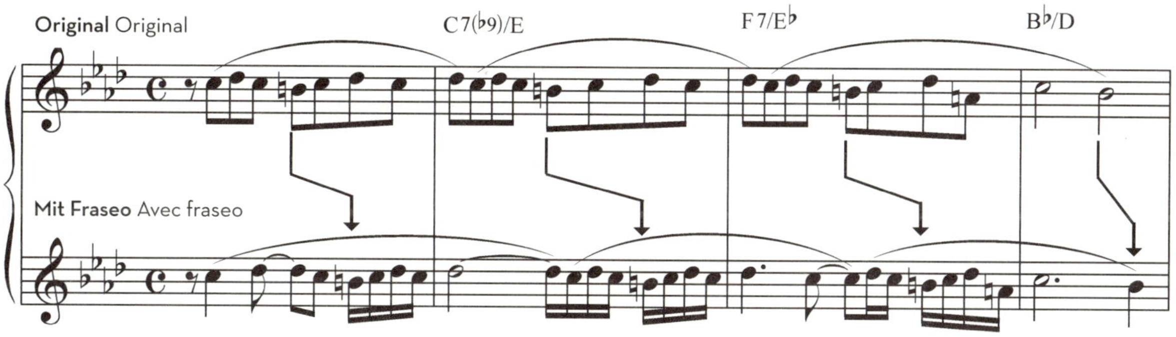

ÜBUNG 8 SPÄTER ANKOMMEN BEI ZÄHLZEIT 3
MALENA THEMA **A**
NARANJO EN FLOR THEMA **B**

▶ KOMME IN ALLEN TAKTEN BEI DEN ZÄHLZEITEN 3 SPÄTER AN.

▷ Versuche, die erste Note soweit zu verlängern, wie du kannst.

▷ Nimm auch einige Pausen weg, indem du Gruppen mit stummer erster Achtel zu thetischen (Beginn auf dem ersten Achtel) machst.

▷ Denke auch an den Text als eine Variante, neue Ideen zu finden.

▷ Denke nicht daran, "welchen" rhythmischen Wert du gerade spielst. Vergegenwärtige dir nur die Ankunftspunkte (1 und 3) und spiele mit dem Gefühl des "Später Ankommens".

EXERCICE 8 ENTRER TARD DANS LE TEMPS 3
MALENA THÈME **A**
NARANJO EN FLOR THÈME **B**

▶ ENTREZ TARD DANS TOUS LES TEMPS 3 DES RYTHMES.

▷ Essayez en rallongeant au maximum la première note.

▷ Omettez également certains silences en transformant les groupes avec première croche muette.

▷ Pensez également aux paroles comme variante pour chercher de nouvelles idées.

▷ Évitez de penser au rythme que vous êtes en train de jouer : ressentez uniquement les points d'arrivée (1 et 3) et jouez avec la sensation « d'entrer tard ».

ÜBUNG 9 ABSCHLIEßEND ZUM SPÄTER ANKOMMEN
NARANJO EN FLOR THEMA **B**

▶ HAST DU BEIDE TECHNIKEN GETRENNT GEÜBT, SO BEGINNE SIE ZU MISCHEN. HIER EIN BEISPIEL:

EXERCICE 9 ENTRER TARD - FIN
NARANJO EN FLOR THÈME **B**

▶ UNE FOIS QUE VOUS VOUS ÊTES ENTRAÎNÉS À PRATIQUER CES DEUX TECHNIQUES SÉPARÉMENT, COMMENCEZ À LES MÉLANGER. VOICI UN EXEMPLE :

TRACK 11

NARANJO EN FLOR
V. EXPÓSITO,
H. EXPÓSITO

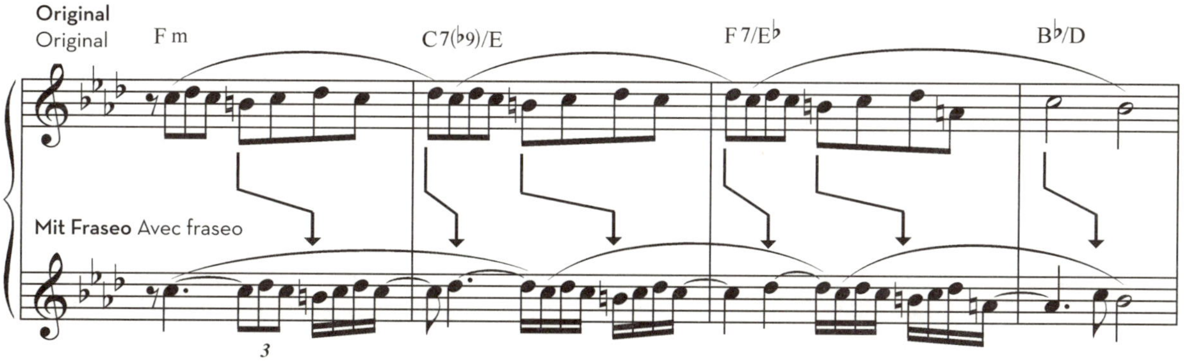

TECHNIK 3

FRÜHER ANKOMMEN BEI ZÄHLZEIT 1

Um die Note auf der Zählzeit 1 vorzuziehen, müssen wir zugleich die Noten der Zeiten 3 und 4 des Vorgängertaktes vorwegnehmen.

TECHNIQUE 3

ENTRER TÔT DANS LE TEMPS 1

Pour anticiper la note qui se trouve dans le temps 1, il nous faut anticiper les notes des temps 3 et 4 de la mesure précédente.

TRACK 12

MALENA
L. DEMARE,
H. MANZI

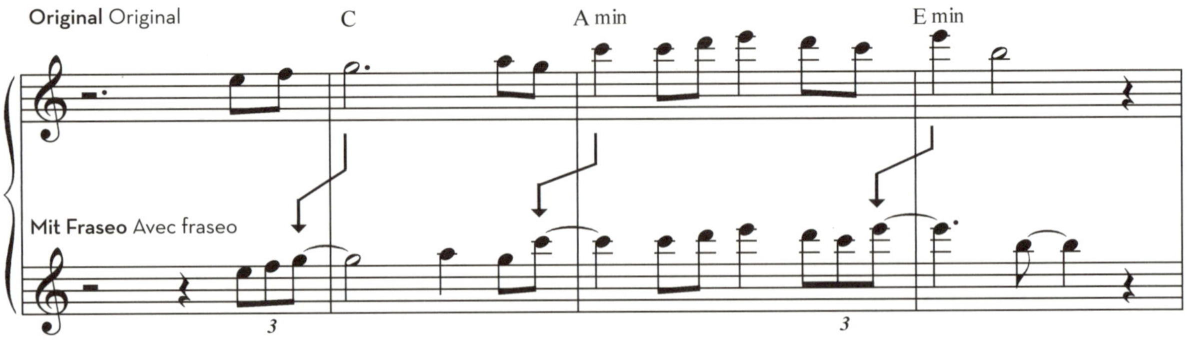

ÜBUNG 10 FRÜHER ANKOMMEN BEI ZÄHLZEIT 1
EL DÍA QUE ME QUIERAS THEMA **A**
MALENA THEMA **B**

KOMME IN ALLEN TAKTEN BEI ZÄHLZEIT 1 FRÜHER AN.

EXERCICE 10 ENTRER TÔT DANS LE TEMPS 1
EL DÍA QUE ME QUIERAS THÈME **A**
MALENA THÈME **B**

ENTREZ TÔT DANS TOUS LES TEMPS 1 DES MESURES.

TECHNIK 4

FRÜHER ANKOMMEN BEI ZÄHLZEIT 3

Um die Note auf der Zählzeit 3 vorzuziehen, müssen wir zugleich das Fraseo der Zeiten 1 und 2 des Taktes vorwegnehmen.

TECHNIQUE 4

ENTRER TÔT DANS LE TEMPS 3

Pour anticiper la note qui se trouve dans le temps 3, il nous faut anticiper le phrasé des notes des temps 1 et 2 de la mesure.

TRACK 13

MALENA
L. DEMARE,
H. MANZI

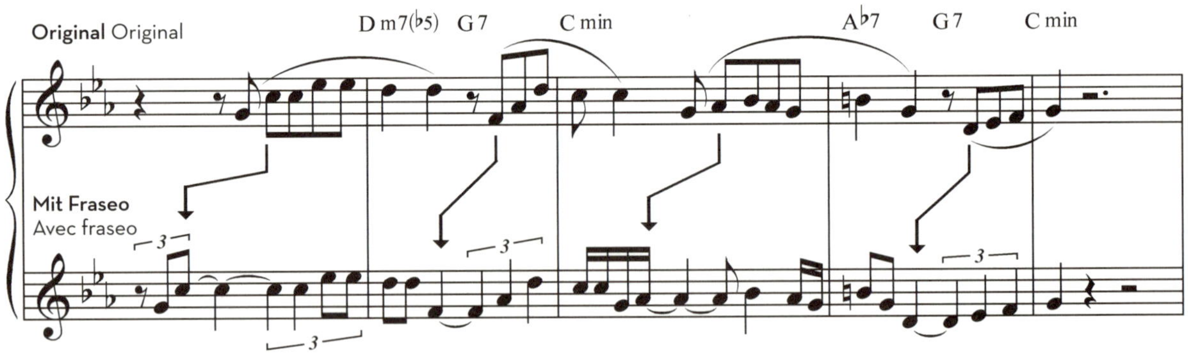

ÜBUNG 11 FRÜHER ANKOMMEN BEI ZÄHLZEIT 3
MALENA THEMA **B**

KOMME IN ALLEN TAKTEN BEI ZÄHLZEIT 3 FRÜHER AN.

EXERCICE 11 ENTRER TÔT DANS LE TEMPS 3
MALENA THÈME **B**

ENTREZ TÔT DANS TOUS LES TEMPS 3 DES MESURES.

Denk daran, dass Pausen nicht immer beachtet werden müssen. Bei **Malena** ist die 𝄾 zwischen den Phrasen wegen der Ausdehnung der Notenwerte durch Vorziehen weggenommen. So sind die Gruppen mit stummer erster Achtel aufgehoben.

Beachte, dass das *Fraseo abierto* dabei hilft, die Musik unabhängiger von der Notation zu hören.

Sicher wirst du dich ein wenig "verlieren" und nicht wissen, wo eigentlich der Takt ist. Geduld! Übe es einige Tage und achte beim Hören auf die Harmoniewechsel.

N'oubliez pas que les silences ne doivent pas toujours être respectés. Dans le cas de **Malena**, le 𝄾 entre les phrases est compris dans l'extension des notes, car on anticipe les sons et on annule ainsi les groupes avec première croche muette.

Gardez présent à l'esprit le fait que le *fraseo abierto* aide à écouter la musique au-delà de la partition.

Il est probable que vous vous sentiez quelque peu perdu et que vous ne sachiez plus où se trouve la mesure. Soyez patient ! Répétez pendant plusieurs jours en écoutant attentivement les changements harmoniques.

NARANJO EN FLOR
TANGO

MUSIK MUSIQUE
VIRGILIO HUGO EXPÓSITO
TEXT PAROLES
HOMERO EXPÓSITO

MITSPIELEN **POUR JOUER** TRACK 04

FRASEO – TECHNIKEN KOMBINIEREN

FRASEO – COMBINER LES TECHNIQUES

ÜBUNG 12 ANWENDUNG ALLER FRASEO-TECHNIKEN
NARANJO EN FLOR THEMA **A + B**

- **MISCHE DIE TECHNIKEN DES *FRASEO EXTENDIDO* MIT DENEN DES ZUVOR GEÜBTEN *FRASEO BÁSICO*.**
- **BEHALTE IM KOPF: DAS BESTE ZUM TRAINIEREN DES ERWEITERTEN *FRASEO* IST ÜBEN MIT DER HARMONISCHEN BEGLEITUNG. SO WIRST DU DIE KREIERTE SPANNUNG FÜHLEN UND NICHT STÄNDIG DIE TAKTSCHLÄGE ZÄHLEN.**
- **MISCHE DAS ERWEITERTE *FRASEO* MIT DER TECHNIK DES HERAUSSTELLENS VON TÖNEN ODER MIT DEN TECHNIKEN VON GRUPPEN MIT GESPIELTER UND STUMMER ERSTER ACHTEL (GRUPPEN DER TYPEN A UND B). AM ENDE SOLL ALLES WIE UNABHÄNGIG VOM NOTENPAPIER KLINGEN.**
- **KOMBINIERE DAS *FRASEO EXTENDIDO* MIT DEM "*CUADRADO* SPIELEN" (BETONUNG JEDER NOTE).**

EXERCICE 12 APPLIQUER TOUTES LES TECHNIQUES DU FRASEO
NARANJO EN FLOR THÈMES **A & B**

- **MÉLANGEZ LES TECHNIQUES DU *FRASEO EXTENDIDO* ET DU *FRASEO BÁSICO* SUR LESQUELLES VOUS VOUS ÊTES ENTRAÎNÉ(E) AUPARAVANT.**
- **SOUVENEZ-VOUS QUE LA MEILLEURE FAÇON DE S'ENTRAÎNER AU *FRASEO EXTENDIDO* EST DE RÉPÉTER SUR LA BASE HARMONIQUE, CAR VOUS POURREZ AINSI SENTIR LA TENSION CRÉÉE ET N'AUREZ PAS BESOIN DE COMPTER LES TEMPS.**
- **MÉLANGEZ LE *FRASEO EXTENDIDO* SOIT AVEC L'IDÉE DE METTRE EN VALEUR CERTAINS SONS SOIT AVEC DES IDÉES DE GROUPES DE CROCHES NOTÉES ET MUETTES. IL S'AGIT À LA FIN D'ÉCOUTER L'ENSEMBLE COMME S'IL N'Y AVAIT PAS DE PARTITION.**
- **MÉLANGEZ LE *FRASEO EXTENDIDO* À LA TECHNIQUE DU JEU *CUADRADO* (EN SOULIGNANT CHAQUE NOTE).**

» **SEITE** PAGE **33**

SINGEN MIT GARDEL

Um die Wirkung des *Fraseo* in einer Interpretation zu verstehen, empfehle ich nachdrücklich, Tango-Sänger verschiedener Epochen anzuhören. So lässt sich verfolgen, wie aus dem *Fraseo básico* allmählich das erweiterte *Fraseo* hervorging ... ein beträchtlich erweitertes!
Wie wär's mit einer Gesangsstunde bei Gardel? Beschaff dir eine Platte und versuche, die Melodie im *Fraseo* von Gardel zu spielen. So erwirbt man am besten ein natürliches, musikalisches und Tango-gerechtes *Fraseo*. Anschließend kann jeder seinen eigenen Weg entfalten, aber mit Gardel "singen" zu lernen, das ist eine einzigartige Erfahrung.

CHANTER AVEC GARDEL

Pour bien comprendre l'effet que le *fraseo* a sur l'interprétation, il est fortement recommandé d'écouter les chanteurs de tango de différentes époques afin de voir comment, avec le temps, a eu lieu l'évolution du *fraseo básico* au *fraseo extendido*... voire plus qu'« *extendido* » !
Que penseriez-vous d'un cours de chant avec Gardel ? Choisissez un disque et essayez de jouer en phrasant la mélodie avec Gardel ; voici, à mes yeux, l'une des meilleures façons d'apprendre un *fraseo* naturel, musical et typique du tango.
Chacun peut ensuite trouver sa propre voie, mais apprendre à « chanter » avec Gardel constitue une expérience unique.

ÜBUNG 13 DIE KUNST DES FRASEO
POR UNA CABEZA

- **SPIELE ZUERST DIE MELODIE VON** POR UNA CABEZA.
- **SUCHE DIE VON CARLOS GARDEL AUFGENOMMENE VERSION ZU** POR UNA CABEZA.
- **HÖRE DIR DAS THEMA OHNE MITLESEN DER NOTEN AN.**
- **SO... JETZT GILT ES, SICH AUF DIE RIESEN-HERAUSFORDERUNG EINZULASSEN, GARDELS *FRASEOS* ZU "FOLGEN". KLINGT ALLES GANZ NORMAL, NICHT WAHR? ABER ... WIE SCHAUT ES AUS, WENN MAN DIE NOTEN LIEST?**
- **FOLGE ALL DEN INTERNEN WENDUNGEN SEINER ART DES SINGENS. IN JEDER RHYTHMIK, SEI SIE AUCH KAUM MODIFIZIERT, LIEGT EINE INTENTION DES "BIS WOHIN GEHT DIE MELODIE", DAS MACHT SIE WUNDERSCHÖN.**
- **BIST DU MIT DER VERSION VON GARDEL VERTRAUT, SO VERSUCHE MIT SEINER AUFNAHME ZU SPIELEN UND SEINEM FRASEO ZU FOLGEN.**
- **SPÄTER KANNST DU ZUR BEGLEITUNG AUF DER CD 2 DEINE EIGENE, VON GARDEL INSPIRIERTE FASSUNG "BAUEN".**

Wenn du die Noten kannst, "*andá a cantarle a Gardel*" – "geh und sing sie Gardel vor" (ein Wortspiel; in Argentinien meint der Satz: "Erzähl das dem Gardel, ich aber glaub' dir nicht".)

EXERCICE 13 L'ART DU FRASEO
POR UNA CABEZA

- **D'ABORD, JOUEZ LA MÉLODIE DE** POR UNA CABEZA.
- **CHERCHEZ LA VERSION DE** POR UNA CABEZA **ENREGISTRÉE PAR CARLOS GARDEL.**
- **ÉCOUTEZ LE THÈME SANS LIRE LA PARTITION.**
- **RESTE MAINTENANT... À RELEVER L'IMMENSE DÉFI QUI CONSISTE À « SUIVRE » LES *FRASEOS* DE GARDEL. À PREMIÈRE VUE, ILS SEMBLENT NORMAUX, N'EST-CE PAS ? MAIS QU'EN EST-IL LORSQU'ON LIT LA RYTHMIQUE DE LA PARTITION ?**
- **SUIVEZ TOUTES LES INFLEXIONS INTERNES CONTENUES DANS SA FAÇON DE CHANTER : DANS CHACUN DES RYTHMES, À PEINE MODIFIÉS, EXISTE L'INTENTION DE SAVOIR « VERS QUOI SE DIRIGE LA MÉLODIE », CE QUI LA REND SUPERBE.**
- **LORSQUE VOUS SENTIREZ QUE VOUS CONNAISSEZ LA VERSION DE GARDEL, ESSAYEZ DE JOUER AVEC LA VERSION ENREGISTRÉE PAR LUI EN SUIVANT SON *FRASEO*.**
- **VOUS POURREZ ENSUITE PRENDRE L'ACCOMPAGNEMENT DU CD 2 POUR EN FAIRE VOTRE PROPRE VERSION, INSPIRÉE PAR GARDEL.**

Après avoir appris les notes du thème, vous pourrez, comme nous disons en Argentine « aller le chanter à Gardel », ce qui signifie à peu près : " Va raconter ça à Gardel, moi je n'en crois pas un mot !"

POR UNA CABEZA
TANGO

MUSIK MUSIQUE
CARLOS GARDEL
TEXT PAROLES
ALFREDO LE PERA

MITSPIELEN **POUR JOUER** TRACK 05

DIE RHYTHMISCHE MELODIE
LA MÉLODIE RYTHMIQUE

Spricht man von der rhythmischen Melodie, so ist zugleich vom rhythmischen Unterbau der Tango-Musik die Rede. Daher sind Akzentuierungen in der rhythmischen Melodie eng an die rhythmisch-harmonische Taktmarkierung gebunden.

Rhythmische Melodien sind im notierten Rhythmus zu spielen. Wir erkennen sie, wenn die Phrase bzw. die Noten Akzente und Staccatos aufweisen. Bögen verbinden höchstens zwei Töne (und 3 oder 4 bei chromatischen Linien). Eine Melodie kann sowohl rhythmisch als auch expressiv zu interpretierende Passagen enthalten. Sind unsere Noten arrangiert und/oder orchestriert, so ist leicht zu entnehmen, welcher Teil rhythmisch gespielt gehört.

Parler de mélodie rythmique revient à parler en même temps du soutien rythmique de la musique de tango. Les accentuations dans la mélodie rythmique sont en conséquence intimement liées à la battue rythmico-harmonique de la mesure.

Les mélodies rythmiques doivent être jouées avec le rythme tel qu'il est noté. Nous les reconnaissons lorsque la phrase ou les notes comportent des accents et des staccatos. Les liaisons unissent deux sons au plus (et 3 ou 4 dans les cas de chromatismes).
Une mélodie peut comporter des passages à interpréter de façon soit rythmique soit expressive. Si notre partition a été arrangée et/ou orchestrée, il est facile de voir quelle partie doit être jouée de façon rythmique.

TRACK 14

EL CHOCLO
Á. VILLOLDO

DIE AKZENTE
Akzente erscheinen im Allgemeinen als Hervorhebung der starken Zählzeiten (1 und 3). Haben wir eine rhythmische Zelle mit stummer erster Achtel, so wandert der Akzent zum unmittelbar folgenden Ton:

LES ACCENTS
En règle générale, les accents apparaissent en soulignant les temps forts (1 et 3). S'il s'agit d'une cellule rythmique avec première croche muette, l'accent est déplacé sur le son qui le suit immédiatement :

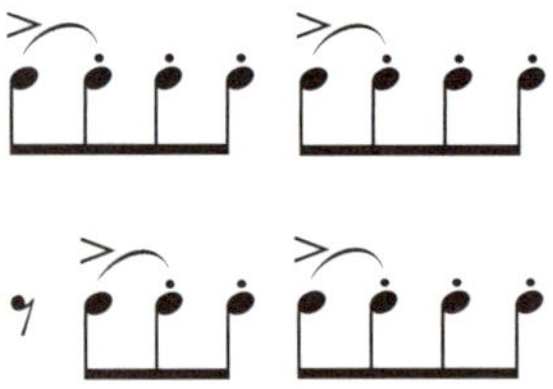

AUSFÜHRUNG DES TYPISCHEN AKZENTS
Regeln für alle Stile:
- Der akzentuierte Ton ist mit viel mehr Nachdruck zu spielen als die anderen Töne.
- Nach dem Akzent verbleibende Töne sofort piano spielen!
- Der Akzent hat eine inhärente, in Richtung Erde gehende Kraft, während die übrigen, bis zum nächsten Akzent verbleibenden Töne gleichsam in die Luft zurückfedern.

EXÉCUTION DE L'ACCENT TYPIQUE :
Règles qui s'appliquent à tous les styles :
- Le son accentué doit être joué en lui accordant beaucoup plus d'importance qu'aux autres sons.
- Les sons placés juste après l'accent doivent être joués immédiatement piano.
- L'accent a son inertie vers la terre tandis que les sons restants, jusqu'à l'accent suivant, continuent à rebondir en l'air.

\> **MARCATO-AKZENT**
ACCENT MARCATO

ZELLE CELLULE	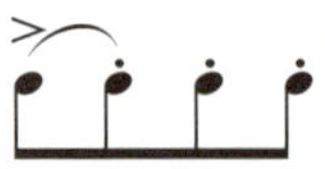	**WIRKUNG** EFFET	 mf>p
ZELLE CELLULE		**WIRKUNG** EFFET	 mf>p

KURZER AKZENT UND LANGER AKZENT

Der Marcato-Akzent hat sich als Form der Hervorhebung des akzentuierenden Moments im Laufe der Tango-Geschichte immer mehr verstärkt. Hören wir verschiedene Tango-Stile, so erkennen wir, dass Dauer und Emphase des Akzents von einem Stil zum andern variieren. Als zwei deutlich unterscheidbare Varianten höre man sich z.B. das Orchester von Osvaldo Pugliese und das Quinteto Real an.

ACCENT COURT ET ACCENT LONG

Pour mettre notamment en valeur le moment de l'accent, le marcato s'est renforcé de plus en plus tout au long de l'histoire du tango. Il suffit d'écouter différents styles de tango pour s'apercevoir que la durée et l'importance de l'accent varient en fonction des styles. On peut par exemple écouter l'orchestre d'Osvaldo Pugliese et le Quinteto Real comme deux variantes bien distinctes.

KURZER AKZENT

Kommt hauptsächlich in den Stilen einer Taktmarkierung "in 2" vor (betont sind die Zählzeiten 1 und 3 = das Ereignis des Markierens erscheint mehr getrennt).

BEISPIELE: Orchester von Osvaldo Pugliese und Orchester von Carlos Di Sarli.
BEISPIEL EINES THEMAS: **La yumba** (O. Pugliese).

ACCENT COURT

Il est surtout utilisé dans les styles marqués « en 2 » (en soulignant les temps 1 et 3 = l'événement du battement est plus séparé).

EXEMPLES : L'orchestre d'Osvaldo Pugliese et l'orchestre de Carlos Di Sarli.
EXEMPLE DE THÈME : **La yumba** d'Osvaldo Pugliese.

LANGER AKZENT

Kommt hauptsächlich in den Stilen einer Taktmarkierung "in 4" vor (betont die vier Zählzeiten gleich = das Ereignis des Markierens erscheint kontinuierlicher).

BEISPIELE: Orchester von Aníbal Troilo und Astor Piazzolla.
BEISPIEL EINES THEMAS: **Adiós Nonino** (A. Piazzolla).

ACCENT LONG

Il est surtout utilisé dans les styles marqués « en 4 » (en soulignant de la même façon les 4 temps = l'événement du battement est plus continu).

EXEMPLES : l'orchestre d'Aníbal Troilo et d'Astor Piazzolla.
EXEMPLE DE THÈME : **Adiós Nonino** d'Astor Piazzolla.

SCHREIBWEISE DER ARTIKULATIONEN

Das Symbol für Marcato beinhaltet auch ein Zeichen für Decrescendo. Das unterstützt die Vorstellung, wonach die Note akzentuiert beginnt und allmählich an Intensität verliert. Zudem werden zur Vollendung des Effekts die unmittelbar folgende bzw. die folgenden Noten mit einem Staccato versehen.

L'ÉCRITURE DES ARTICULATIONS

Le symbole du marcato implique également un signe de decrescendo, ce qui renforce l'idée selon laquelle la note commence en étant accentuée et son intensité va décroissant. De plus, pour compléter cet effet, on ajoute à la note ou aux notes suivantes un staccato :

Die Notation eines Staccato über der zweiten Achtel unterstützt die Idee, wonach dieser Ton "verschwindet", bevor er seine volle Dauer erreicht. Der Ton ist keinesfalls abzuschneiden, vielmehr soll er vorher in natürlicher Weise enden.

En rajoutant un staccato à la deuxième croche, on renforce l'idée selon laquelle ce son « disparaît » avant que sa durée totale ne soit achevée. Il est important de ne pas couper ce son ; il doit se terminer avant de façon naturelle.

WAS NICHT GESCHRIEBEN STEHT

Oft werden wir feststellen, dass dieses Staccato (über der zweiten gebundenen Note) nicht notiert ist. Man wird sogar Orchestrierungen finden, die nur, wie hier gezeigt, die Bindung zwischen den beiden Achteln enthalten. Wir müssen sehen: Bei allem geht es um eine Musik aus dem Volk, die bis heute über keine Methodik verfügte, die eine Schreibweise für diese Spielkonventionen festgelegt hätte. Daher finden sich in Orchestrierungen immer wieder etwas andere Arten der Notation.

CE QUI N'EST PAS ÉCRIT

Très souvent nous observons que ce staccato (sur la deuxième note liée) n'est pas écrit. Il est même probable que nous nous trouvions face à des orchestrations qui disposent uniquement de la liaison entre deux croches, comme illustré ici. Il est important de se souvenir que, s'agissant d'une musique populaire qui, jusqu'à présent, n'avait pas de méthodes régissant ces conventions, il se retrouve dans les orchestrations les notations les plus diverses.

Schreibweise
Notation

Wirkung
Effet

DIE ARTIKULATION DES TANGO AUF DER FLÖTE

L'ARTICULATION DU TANGO Á LA FLÛTE

ÜBER DIE HERAUSFORDERUNG, DIE FLÖTE IN DIE TANGOGESCHICHTE EINZUBRINGEN.

Geht es um die Sprache des Tango, so besteht das größte Problem der Flöte darin, dass wir beim Erlernen des Flötenspiels gelehrt wurden, den Anblasdruck konstant zu halten, um einen regelmäßigen, verfeinerten Ton zu erhalten. Das ruft ein Empfinden hervor, das dem auf dem Bandoneon erklingenden Abnehmen im Ton gerade entgegengesetzt ist.

Auf dem Bandoneon wird die akzentuierte Note mit der Hand gegriffen und zugleich "schlägt" man den Balg gegen das Bein oder zieht ihn nach unten, was einen großen Luftausstoß bewirkt. Dann fällt der Balg mit der Schwerkraft und lässt die folgende Note oder Noten mit weit weniger Kraft und Druck erklingen – bis der nächste Akzent kommt. So entsteht eine große Volumendifferenz zwischen der Note, die den Schlag gegen das Bein des Musikers hat, und der folgenden Note oder Noten, die gewissermaßen als Folge dieses ersten Impulses hervorgehen.
Astor Piazzolla sagt in seinen Hinweisen für Flötisten in den **Estudios tanguísticos** für Flöte solo:

> *Dem Interpreten wird geraten, angeregt durch die Art und Weise, in der die Tangos auf dem Bandoneon gespielt werden, Akzente und Atmung zu übertreiben.*

Arbeiten wir nicht an einer Technik, die jene Differenz zwischen akzentuierter Note und dem, "was danach kommt", hörbar macht, so klingen wir zwar technisch korrekt, der charakteristische "Swing" des Genres wird sich jedoch nicht einstellen. Da dieser Effekt von uns Beweglichkeit im Stützen der Luftsäule verlangt, so sind unbedingt die notwendigen Übungen zu absolvieren, die zur technischen Beherrschung dieses Punktes führen. Probleme falscher Tonhöhe oder unnötige Verspannungen lassen sich so vermeiden.
Man muss dabei wissen, dass sich beide Techniken keineswegs feindlich gegenüberstehen und dass wir durch die bewusste Arbeit an der Sprache des Tango Elemente ergänzen und erwerben, die wir beim Tangospiel ständig gebrauchen, ohne dass unsere Flötentechnik dadurch Schaden nimmt.
Im Gegenteil: Wir bereichern sie durch neue expressive Möglichkeiten.
Nach Jahren des Suchens und Erprobens, in denen ich an der Seite von Bandoneons und Violinen spielte, fand ich eine Art der Artikulation, die den gewünschten Effekt erklingen lässt – ohne Beeinträchtigung der Tonhöhe und mit vollem Ton.
Ich schlage hier einige einfache Übungen vor, die verstehen helfen, wie die Tonproduktion erfolgen muss, um die Flöte in den Tango zu integrieren.Was unbedingt zu beachten ist:

À PROPOS DU DÉFI D'INTÉGRER LA FLÛTE À L'HISTOIRE DU TANGO.

Le principal problème de la flûte par rapport au langage du tango tient à notre apprentissage initial de la flûte : nous avons en effet appris à maintenir la pression de l'air de façon permanente afin d'obtenir un son stable et juste. La sensation ainsi produite est le contraire de l'impression d'affaissement qu'on peut entendre dans le soutien de l'air du bandonéon.

Le bandonéoniste appuie avec sa main sur la note accentuée tout en pressant le souffleur vers l'extérieur, ce qui provoque une grande expulsion d'air. Ensuite, le souffleur tombe sous l'effet de la gravité, ce qui fait que la ou les notes suivantes ont beaucoup moins de force et de pression, et ce jusqu'à la note accentuée suivante. C'est ainsi que se forme une grande différence de volume entre la note accentuée au moment de l'impact contre la jambe du musicien et la ou les notes suivantes qui se dégagent grâce à l'élan donné à la note accentuée.
Dans ses **Tango-Études** pour flûte seule, Astor Piazzolla donnait le conseil suivant aux flûtistes :

> *Ces études dépendent de l'esprit du soliste, surtout de sa capacité à exagérer les accents et les respirations, qui devraient se rapprocher de la façon qu'ont les bandonéons de jouer le tango.*

Si nous ne réalisons pas un travail technique spécifique pour que ressorte clairement la différence entre la note accentuée et « ce qui suit », nous serons certes irréprochables techniquement mais sans voir apparaître le « swing » caractéristique du tango. Ainsi, puisque cette technique exige que nous puissions manier avec souplesse le maintien de la colonne d'air, il est fondamental de réaliser les exercices nécessaires pour dominer cette technique sans créer de problèmes d'accord ni de tensions inutiles.
Il est important de savoir que les deux techniques ne sont pas incompatibles. En travaillant consciemment sur le langage spécifique du tango, de nouvelles façons de faire s'ajouteront à notre éventail que nous pourrons utiliser à chaque fois que nous jouerons de la flûte, sans que ceci n'affecte notre technique plus classique. Bien au contraire, elle se verra enrichie de nouveaux instruments d'expression.
Après des années de recherches et d'essais, en jouant en compagnie de bandonéons et de violons, j'ai fini par trouver une façon de jouer de la flûte grâce à laquelle on peut produire l'effet souhaité sans fausses notes et sans perdre la qualité du son.
Je vous propose donc des exercices simples qui pourront vous aider à comprendre la façon de jouer de la flûte pour l'intégrer au tango.
Voici les éléments principaux à avoir à l'esprit :

⦿ Akzentuierte Noten mit dem Marcato-Akzent sind mehr als üblich herauszuheben. Das geschieht durch einen starken Zwerchfellstoß und einen Zungensstoß, wie wir ihn beim *détaché* verwenden.

⦿ Die Konzentration bleibt auf diesem Ton. Zusätzlich ist zu bewirken, dass der oder die folgenden Töne weniger Gewicht haben. Man erreicht das durch Emphase auf der akzentuierten Note.

⦿ Die akzentuierte Note ist "länger" zu denken. Ganz richtig, länger!

⦿ Als Folge des Zwerchfellstoßes und der dadurch bewirkten Änderung im Druck kann die Tonhöhe der akzentuierten Note ansteigen. Man muss aufmerksam hinhören, um zu prüfen, dass der Ton nicht nach oben geht. Wichtig ist, den Hals unten gut zu öffnen, um die Resonanz zu erweitern und eine stabile Tonhöhe zu bewahren.

⦿ Bei langen Noten muss man, nimmt das Volumen ab, die erforderlichen Anpassungen in der "Stützung" vornehmen, damit das Ende des Tones nicht tiefer klingt.

⦿ Der grundlegende Anblasdruck ("Stütze"), mit dem wir spielen, ist ständig beizubehalten. Den Kontrast schafft die Emphase auf den akzentuierten Tönen.

⦿ Rhythmische Melodien sind ohne Vibrato zu spielen. Bei Tönen im Wert einer Viertel oder mehr kann ein leichtes Vibrato ausgeführt werden, um die Resonanz zu stärken. Man darf jedoch nie in expressiver Weise spielen.

⦿ Faire ressortir les notes accentuées en exagérant l'accent marcato habituel, en augmentant la poussée du diaphragme et en utilisant le mode d'attaque *détachée*.

⦿ Garder son attention sur ce son et faire en sorte que le ou les son(s) suivant(s) aient moins d'importance. Il faut pour ce faire intensifier la note accentuée.

⦿ Considérer la note accentuée comme une note qui « dure plus longtemps ». Vous avez bien lu : qui dure plus longtemps !

⦿ Du fait de la poussée du diaphragme et du changement de pression produit, la fréquence de la note accentuée peut monter. Il faut donc écouter attentivement pour vérifier que le ton ne monte pas. Il est important de bien ouvrir la base de la gorge pour renforcer la résonance et permettre ainsi que le ton demeure stable.

⦿ Pour les notes longues, quand le volume d'air baisse, il faut procéder aux ajustements nécessaires quant à la pression de l'air pour que la fin du son ne baisse pas de fréquence.

⦿ Maintenir en permanence le niveau de pression de base avec lequel nous jouons. Le contraste se fera entendre par l'intensification des sons accentués.

⦿ Les mélodies rythmiques doivent être jouées sans vibrato. Pour les sons de durée égale ou supérieure à une noire, un vibrato léger est accepté pour accentuer la résonance, mais il ne doit jamais être joué de façon expressive.

GRUNDANBLASDRUCK UND ZWERCHFELLSTOß

AUFRECHTERHALTUNG DER LUFTSÄULE

Gehen wir von der üblichen Form der Tonproduktion aus, so sind wir es bei der Flöte – wie bei anderen Blasinstrumenten auch – gewohnt, den Anblasdruck (die "Stütze") stetig und gleichmäßig "aufrechtzuerhalten". Wollen wir nun den rhythmischen Melodien ihre Tango-Färbung geben, so müssen wir auch mit diesem Element spielen.
Die folgenden Vorübungen empfehle ich, ehe wir anschließend an der Differenzierung von akzentuiertem und nicht akzentuiertem Ton arbeiten.

DAS ZWERCHFELL ANREGEN

Zunächst rate ich, das typische "Hecheln" auszuführen: Einatmen und Ausatmen bei flexiblen Bewegungen des Zwerchfells. Dabei stößt man immer mit den seitlichen Bauchmuskeln nach außen und muss aufpassen, dabei beweglich zu bleiben. Es ist also nicht so stark zu drücken, dass man schließlich das Gefühl hat, es sei keine Bewegung mehr möglich.
Mit dieser Übung arbeiten wir, um uns das körperliche Gefühl der Aufrechterhaltung eines "Grundanblasdrucks" (der Druck, mit dem wir gewöhnlich spielen) bewusst zu machen und auch empfindsam dafür zu werden, was passiert, wenn wir dem einen Zwerchfellstoß hinzufügen.

PRESSION DE BASE ET POUSSÉE DU DIAPHRAGME

LE MAINTIEN DE LA COLONNE D'AIR

Quand nous jouons de la flûte, et c'est aussi le cas pour d'autres instruments à vent, nous sommes habitués à « maintenir » la pression de l'air afin qu'elle soit stable et uniforme tout le temps. C'est là l'élément avec lequel il faut jouer pour donner aux mélodies rythmiques leur « cachet » caractéristique du tango.
Pour travailler sur la différence entre les sons accentués et non accentués, je vous recommande ces exercices préliminaires:

RÉVEILLER SON DIAPHRAGME

Pour commencer, il est souhaitable de réaliser le typique « halètement » : inspirer et expirer en bougeant le diaphragme avec souplesse, en poussant sans cesse vers l'extérieur avec les abdominaux latéraux et en ayant conscience qu'il s'agit d'un mouvement flexible. Il ne faut pas pour autant pousser le geste à l'extrême au point de perdre cette flexibilité.
Grâce à cet exercice, nous pouvons prendre conscience de la sensation physique qui permet de maintenir la « pression de base » (la pression que nous utilisons normalement pour jouer) et de ce qui arrive quand nous exerçons une poussée supplémentaire avec le diaphragme.

ÜBUNG 14 ZWERCHFELLSTOß

EXERCICE 14 POUSSÉE DU DIAPHRAGME

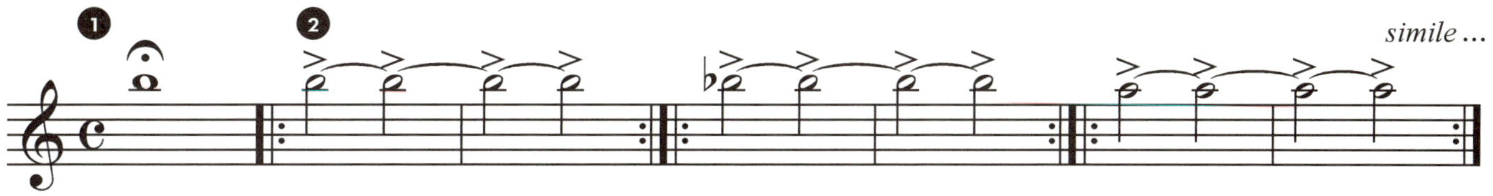

ZU ❶

▶ **HALTE DIE "STÜTZE" MIT KONSTANTEM DRUCK AUFRECHT UND ACHTE AUF DAS KÖRPERLICHE GEFÜHL DABEI.**

▶ **HÖRE AUF DIE TONHÖHE DIESES ERSTEN H.**

ZU ❷

▶ **SPIELE DAS LANGE H UND FÜHRE BEI JEDEM AKZENT EINEN ZWERCHFELLSTOSS AUS. NUR DEN ZWERCHFELLSTOSS, KEINEN ZUNGENSTOSS.**

▶ **PASS AUF, DASS SICH DIE "STÜTZE", WENN DER ZWERCHFELLSTOSS VORBEI IST, NICHT VOLLSTÄNDIG VERLIERT. DER GRUNDANBLASDRUCK (UNSER NORMALER DRUCK DER TONERZEUGUNG) IST ZU HALTEN.**

❶

▶ MAINTENEZ L'APPUI PAR UNE PRESSION CONSTANTE ET RESSENTEZ LA SENSATION PHYSIQUE CORRESPONDANTE.

▶ ÉCOUTEZ LA HAUTEUR DE CE PREMIER SI.

❷

▶ JOUEZ CE LONG SI EN RÉALISANT UNE POUSSÉE DU DIAPHRAGME À CHAQUE ACCENT. MAIS UNIQUEMENT UNE POUSSÉE DU DIAPHRAGME, SANS ATTAQUE.

▶ FAITES ATTENTION À CE QU'APRÈS LA POUSSÉE DU DIAPHRAGME, LE MAINTIEN NE SE RELÂCHE PAS COMPLÈTEMENT, MAIS QU'IL RESTE À LA POSITION DE « PRESSION DE BASE » (LA PRESSION NORMALE QUAND ON JOUE).

▶ ÜBE DIE GANZE UNTEN STEHENDE REIHE IN DIESER WEISE.

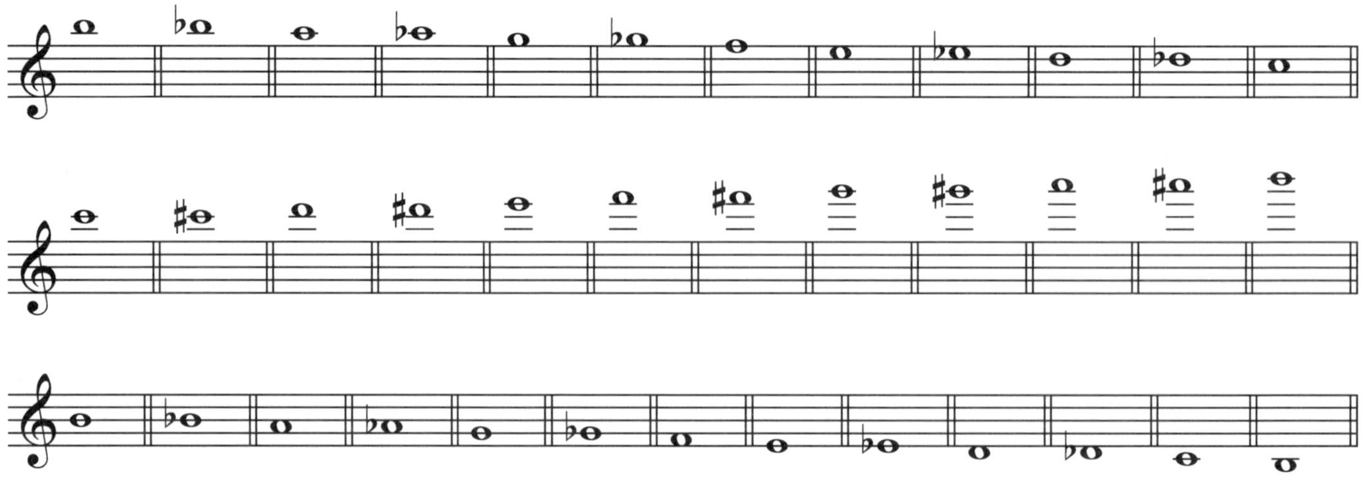

Die Grafik vermittelt eine Vorstellung davon, was anzustreben ist. Die untere Linie steht für unseren normalen Grundanblasdruck ("Stütze").

Und diese Grafik zeigt, was vermieden werden sollte.

▶ RÉALISEZ L'EXERCICE POUR TOUTE LA SÉRIE.

Ce graphique vous permet d'imaginer ce qu'il faut atteindre. La ligne du bas est notre niveau de pression normale (pression de base).

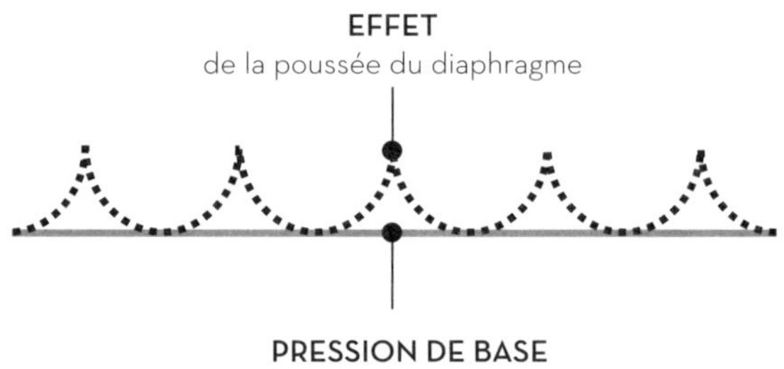

Et ce graphique montre ce qu'il faut éviter.

ÜBUNG 15 VON DER BINDUNG ZUR TANGO-GERECHTEN ARTIKULATION

EXERCICE 15 DE LA LIAISON À L' ARTICULATION DANS LE TANGO

1. **ICH HÖRE AUF TONHÖHE UND KLANG.**

1. J'ÉCOUTE LA HAUTEUR ET LE SON.

2. **ICH FÜGE DEN ANSTOSS DÉTACHÉ HINZU, OHNE DIE ZUNGENMUSKULATUR ANZUSPANNEN = DER KLANG ÄNDERT SICH NICHT.**

2. J'AJOUTE UNE ATTAQUE DÉTACHÉE SANS EXERCER DE TENSION SUR LA BASE DE LA LANGUE = LE SON N'EST PAS MODIFIÉ.

3. **ICH FÜGE WEITERE ANSTÖSSE HINZU, ACHTE DARAUF, DASS SICH WEDER KLANG NOCH TONHÖHE ÄNDERN.**

3. J'AJOUTE DES ATTAQUES SUPPLÉMENTAIRES ET JE FAIS BIEN ATTENTION À CE QUE NI LE SON NI LA HAUTEUR NE CHANGENT.

4. **ICH FÜGE AUF DEM AKZENT EINEN ZWERCHFELLSTOSS HINZU, ABER ALLES GEBUNDEN. ICH KONTROLLIERE, DASS DAS NIVEAU DER "STÜTZE" NIE UNTER DEN "NÖTIGEN GRUNDANBLASDRUCK" FÄLLT.**

4. J'AJOUTE UNE POUSSÉE DU DIAPHRAGME SUR L'ACCENT MAIS EN LIANT LE TOUT. JE VÉRIFIE QUE LE NIVEAU DE SOUTIEN NE BAISSE JAMAIS DE LA « PRESSION DE BASE NÉCESSAIRE ».

5. **ICH FÜGE DEN ZUNGENSTOSS IM GLEICHEN MOMENT HINZU, INDEM ICH AUCH DEN ZWERCHFELLSTOSS AUSFÜHRE.**

5. J'AJOUTE L'ATTAQUE EN MÊME TEMPS QUE JE RÉALISE LA POUSSÉE DU DIAPHRAGME.

6. **ICH KORRIGIERE DIE TONHÖHE BEI JEDEM STOSS, ÖFFNE DEN HALS GUT UND NUR WENN NÖTIG HELFE ICH MIT DEM ATEM NACH.**

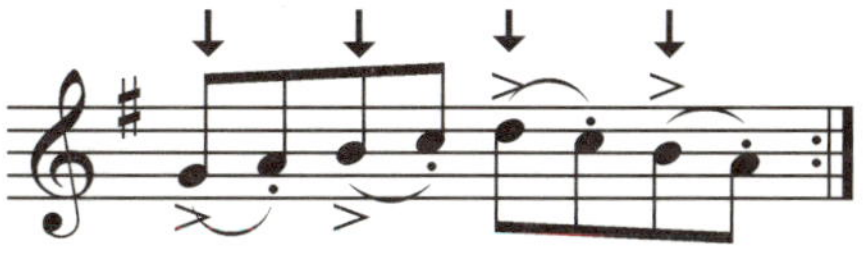

6. JE CORRIGE LA HAUTEUR À CHAQUE POUSSÉE : J'OUVRE BIEN LA GORGE ET JE CORIGE AVEC LE SOUFFLE UNIQUEMENT SI CELA EST NÉCESSAIRE .

7. **ZUM SCHLUSS: ICH VERGLEICHE TONHÖHE UND QUALITÄT DES KLANGS. DIE QUALITÄT SOLLTE GLEICHMÄSSIG GUT SEIN UND DIE TONHÖHE STABIL.**

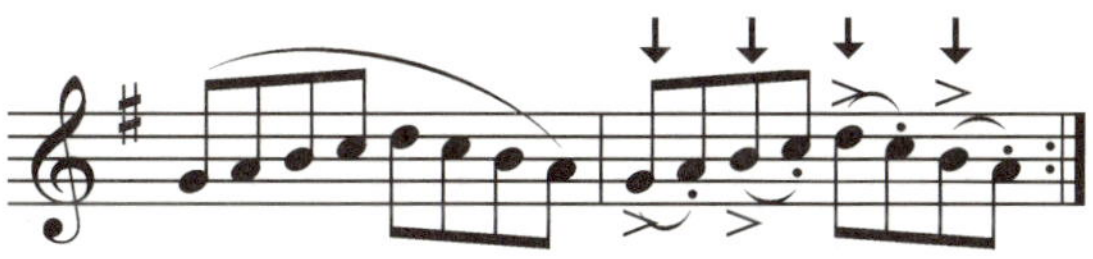

7. FIN : JE COMPARE LA HAUTEUR ET LA QUALITÉ DU SON. LA QUALITÉ DEVRAIT ÊTRE UNIFORMÉMENT BONNE ET LA HAUTEUR, STABLE .

▶ **FAHRE IN GLEICHER WEISE FORT, DIE GANZE TONLEITER AUF- UND ABWÄRTS.**

▶ CONTINUEZ DE LA MÊME FAÇON, EN MONTANT ET DESCENDANT SUR TOUTE LA GAMME.

▶ **NIMM JEDEN TAG EINE ANDERE TONLEITER. FÜHRE SIE IN DUR UND MOLL AUS.**

▶ CHANGEZ DE GAMME TOUS LES JOURS. JOUEZ EN MODES MAJEUR ET MINEUR.

TYPISCHE RHYTHMISCHE ZELLEN
CELLULES RYTHMIQUES TYPIQUES

Wenn dir die Übung 15 schliesslich leicht gelingt, kannst du das Studium der verschiedenen Artikulationen angehen, wobei Dur- und Moll-Skalen als Muster zu verwenden sind.

Une fois l'exercice 15 maîtrisé, l'étude des différentes articulations peut se poursuivre en utilisant comme base les gammes majeures et mineures.

Typische rhythmische Zellen
Cellules rythmiques typiques

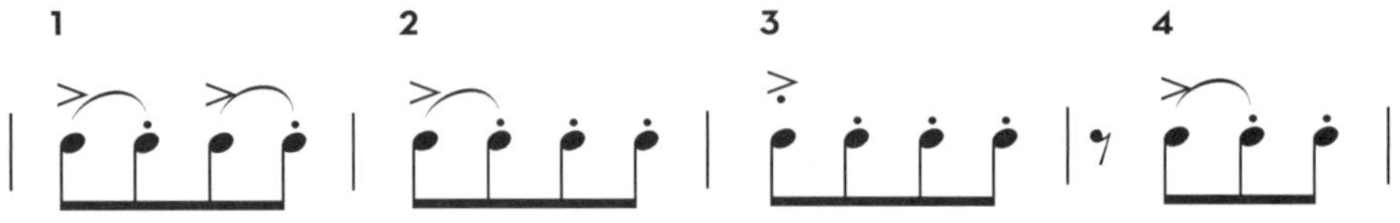

Die Art und Wiese, in der Akzente und gewünschter Effekt zu spielen sind, macht es empfehlenswert, mit absteigenden Skalen zu beginnen.

Il est préférable de commencer par les gammes descendantes, eu égard à la façon dont les accents doivent être joués et à l'effet recherché.

Anschließend aufsteigende:

Ensuite, les gammes ascendantes :

- Die Übung ist in allen Dur- und Moll-Skalen zu spielen.
- Ich rate, das Üben der typischen rhythmischen Zellen unbedingt ins tägliche Routineprogramm aufzunehmen.
- Wenn du die Artikulationen studierst, so beachte die Hinweise zu jeder rhythmischen Zelle:

- Réalisez l'exercice en l'appliquant à toutes les gammes majeures et mineures.
- Il est souhaitable d'intégrer le travail des cellules rythmiques typiques aux exercices quotidiens.
- Dans ce travail spécifique, il faut être très attentif aux indications données pour chaque cellule rythmique:

ÜBUNG 16 RHYTHMISCHE ZELLE 1 - MIT LANGEM AKZENT

EXERCICE 16 CELLULE RYTHMIQUE 1 - AVEC ACCENT LONG

TRACK 15

RHYTHMISCHE ZELLE 1
CELLULE RYTHMIQUE 1

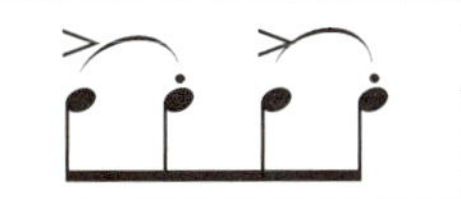

WIRKUNG
EFFET

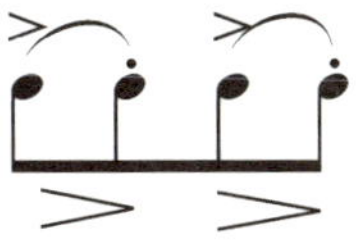

VERMEIDEN!
À ÉVITER !

- Denk daran: Beim Hören sollte man das Gefühl haben, als wäre die akzentuierte Note "länger".
- Die der akzentuierten Note folgende sollte in der Tat weniger hörbar sein.
- Stell dir vor, dass du die Finger für die zweite Note "fallen lässt", und die Luft, die bereits auf ihrem Weg durch die Flöte ist, lässt jene zweite Note mit der "Stütze" allein von sich aus "erklingen".
- Probiere in mittlerem Tempo und gehe bis ♩ = 96.
- Achte darauf: Der Mund soll nach dem Staccato keine öffnende Bewegung machen, der Hals muss ständig offen bleiben.

- Ne pas oubliez qu'il faut donner l'impression à l'écoute que la note accentuée dure plus longtemps.
- La note qui suit la note accentuée doit être réellement moins audible.
- Pensez à « laisser tomber » les doigts en jouant la deuxième note, pour que l'air qui circule déjà dans la flûte fasse entendre à lui seul ce deuxième son, grâce au « soutien de base ».
- Réalisez d'abord l'exercice à un tempo moyen avant d'accélérer à ♩ = 96.
- Soyez attentif à ce que la bouche n'effectue aucun mouvement d'ouverture après le staccato. La gorge doit, elle, toujours rester ouverte.

ÜBUNG 17 RHYTHMISCHE ZELLE 2

EXERCICE 17 CELLULE RYTHMIQUE 2

TRACK 16

RHYTHMISCHE ZELLE 2
CELLULE RYTHMIQUE 2

WIRKUNG
EFFET

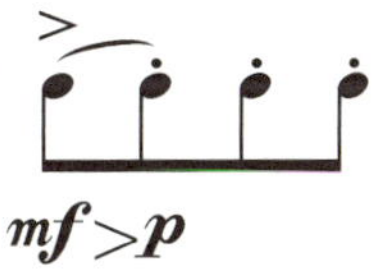

VERMEIDEN!
À ÉVITER !

- Denk daran: Die erste Achtel ist die wichtigste. Die folgenden bleiben alle "im Schatten" der ersten und werden ***p*** gespielt.
- Die erste und akzentuierte Achtel ist "länger". Stell dir dazu vor, du öffnest den Hals in dem Moment, in dem der Schub mit dem Zwerchfellstoß erfolgt.
- Vermeide eine Betonung der mit Staccato versehenen Noten.

- Ayez à l'esprit que la première croche est la plus importante. Les suivantes doivent rester « dans l'ombre » et être jouées ***p*** .
- La première croche accentuée dure « plus longtemps ». Il faut soutenir cet effet en ouvrant la gorge au moment de la poussée du diaphragme.
- Évitez que les notes jouées staccato soient mises en valeur.

ÜBUNG 18 RHYTHMISCHE ZELLE 3 - MIT KURZEM AKZENT

EXERCICE 18 CELLULE RYTHMIQUE 3 - AVEC ACCENT COURT

TRACK 17

RHYTHMISCHE ZELLE 3
CELLULE RYTHMIQUE 3

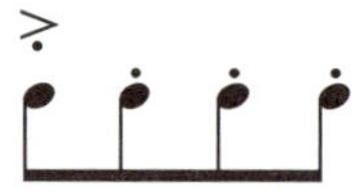

WIRKUNG
EFFET

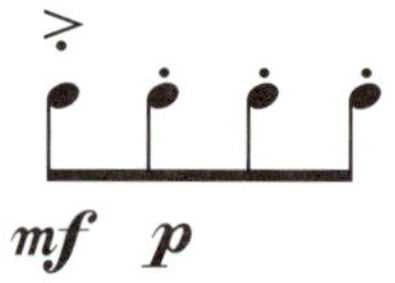

VERMEIDEN!
À ÉVITER !

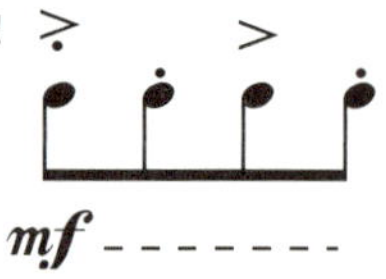

Ⓓ Denk daran: Die erste Achtel ist die wichtigste. Die folgenden bleiben alle "im Schatten" der ersten und werden ***p*** gespielt.

Ⓓ Die erste und akzentuierte Achtel ist kurz. Führe einen entschlossenen Zwerchfellstoß aus, zusammen mit dem Zungenstoß.

Ⓓ Vermeide es, die auf die erste Note folgenden, mit staccato bezeichneten Noten herauszuheben oder zu akzentuieren.

Ⓓ Ayez à l'esprit que la première croche est la plus importante. Les suivantes doivent rester « dans l'ombre » et être jouées ***p***.

Ⓓ La première croche accentuée est de courte durée. Réalisez une vive poussée du diaphragme au moment de l'attaque.

Ⓓ Évitez que les notes jouées staccato soient mises en valeur ou accentuées après cette première croche.

ÜBUNG 19 RHYTHMISCHE ZELLE 4

EXERCICE 19 CELLULE RYTHMIQUE 4

TRACK 18

RHYTHMISCHE ZELLE 4
CELLULE RYTHMIQUE 4

WIRKUNG
EFFET

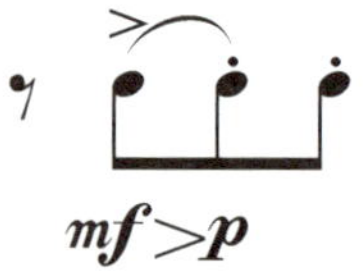

VERMEIDEN!
À ÉVITER !

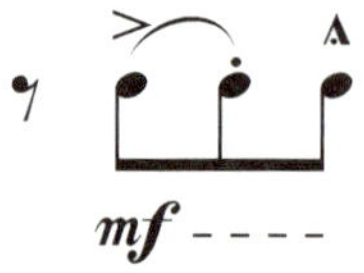

Ⓓ Der Akzent, zuvor auf der starken Zählzeit, ist jetzt auf die zweite Achtel verschoben. Der Akzent liegt damit an einer eigentlich schwachen Stelle.

Ⓓ Hebe die akzentuierte Note heraus und lass die folgenden mit weniger Intensität in ihrem "Schatten".

Ⓓ Sorge dafür, dass der Hals bei den Noten mit Staccato nicht geschlossen ist.

Ⓓ Achte darauf, am Ende der zweiten Achtel keinerlei Anstoß mit der Zunge auszuführen. Diese Note endet wegen dem Abfallen des Volumens früher, ihre Resonanz soll jedoch weitergehen. Führe auf der gleichen Luftsäule den folgenden Anstoß für die dritte Achtel aus.

Ⓓ Die akzentuierte Note ist länger.

Ⓓ L'accent qui avant portait sur le temps fort s'est déplacé vers la seconde croche. L'accent est placé sur un espace faible.

Ⓓ Intensifiez la note accentuée de façon à ce que les notes suivantes restent « dans l'ombre » de la note accentuée, avec moins de force.

Ⓓ Faites attention à ne pas fermer la gorge entre les notes jouées staccato.

Ⓓ A la fin de la seconde croche, vérifiez de n'avoir fait aucune attaque avec la langue. Cette note se termine avant, du fait de l'affaiblissement du volume, mais elle doit continuer à résonner. En utilisant la même colonne d'air, réalisez l'attaque suivante pour la troisième croche.

Ⓓ La note accentuée dure plus longtemps.

» **SEITE** PAGE **45**

ETÜDE 1 - ARTIKULATION

ETUDE 1 - ARTICULATION

HAST DU SCHLIESSLICH DIE ZELLEN 1, 2, 3 UND 4 GEÜBT, SO BIST DU BEREIT ZUR AUSFÜHRUNG DER ETÜDE 1. **HIER SIND NUN DIE AKZENTUIERUNGEN SCHON IN EINER MUSIKALISCHEREN ART VERWENDET.**

UNE FOIS QUE LES CELLULES 1, 2, 3 ET 4 ONT ÉTÉ TRAVAILLÉES, VOUS ÊTES FIN PRÊT POUR EXÉCUTER L'ÉTUDE 1 **DANS LAQUELLE LES ACCENTS SERONT JOUÉS AVEC PLUS DE MUSICALITÉ.**

ETÜDE 1 • ARTIKULATION
ETUDE 1 • ARTICULATION

MUSIK MUSIQUE
PAULINA FAIN

ANHÖREN **POUR ÉCOUTER** TRACK 06
MITSPIELEN **POUR JOUER** TRACK 07

❗ ⓓ In Takten mit drei Akzenten (z.B. Takt 5) sollen alle Akzente in gleicher Stärke erklingen.

ⓓ Takt 9 bis 20 sind deutlich als expressiver Part erkennbar. Spiele so gebunden wie möglich und ... Du darfst mit *Fraseo* spielen!

ⓓ Es wird alles noch verständlicher, wenn du dir die Version auf der CD anhörst.

ⓓ Spiele dann mit der Klavierbegleitung auf CD 2.

ⓓ Dans les mesures qui comptent trois accents (par exemple, la mesure 5), il faut jouer les trois accents avec la même intensité.

ⓓ Le fragment compris entre les mesures 9 et 20 est clairement expressif : jouer le plus possible legato… et vous pouvez ajouter un *fraseo* !

ⓓ Pour plus de clarté, je vous recommande d'écouter la version disponible sur le CD.

ⓓ Ensuite, utilisez la piste d'accompagnement.

RHYTHMISCHE ZELLE 3-3-2

In den Takten 30-34 der **Etüde 1** hast du gerade eine Kombination von Akzenten gespielt, die zusammen einen Rhythmus bilden, den man sehr oft in der Musik Astor Piazzollas findet. Man nennt diese Art der Akzentuierung 3-3-2 (drei-drei-zwei). Der Rhythmus 3-3-2 nimmt die Akzentuierung der *Milonga campera* ("ländliche Milonga")[15] auf und bringt sie – gedehnt – in den 4/4-Takt des Tango.

CELLULE RYTHMIQUE 3-3-2

La combinaison d'accents que vous venez de jouer dans les mesures 30-34 de l'**Étude 1** est un rythme récurrent dans l'œuvre d'Astor Piazzolla. Cette suite d'accents rythmiques s'appelle le 3-3-2 (trois-trois-deux).
Le rythme 3-3-2 tire son accentuation de la *milonga campera*[15] et l'intègre, étendue, à la mesure en 4/4 du tango.

Rhythmus der *Milonga campera*
Rythme de *milonga campera*

→

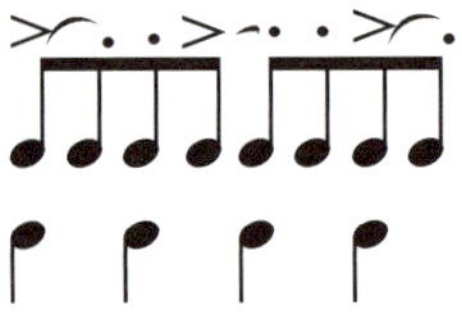

Akzentuierung 3-3-2
Rythme 3-3-2

Beachte: Während der 1. und 3. Akzent auf starke Zählzeiten fallen, ist der 2. Akzent synkopiert.

Il faut noter que si les 1er et 3e accents tombent sur des temps forts, le 2e accent est joué syncopé :

Synkope
Syncope

ÜBUNG 20 RHYTHMISCHE ZELLE 3-3-2

EXERCICE 20 CELLULE RYTHMIQUE 3-3-2

TRACK 19

RHYTHMISCHE ZELLE 3-3-2 CELLULE RYTHMIQUE 3-3-2	
Auch geschrieben als S'écrit aussi	

WIRKUNG
EFFET

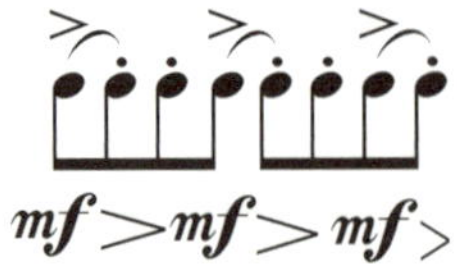

⑮ Siehe Glossar.

⑮ Voir glossaire.

❗ ⊳ Spiele alle Dur- und Moll-Skalen, absteigend und anschließend aufsteigend, im 3-3-2-Rhythmus.

⊳ Führe alle drei Akzente mit gleicher Intensität aus, ohne in der Entschlossenheit nachzulassen.

⊳ Die Töne nach den Akzenten sind versteckt.

⊳ Die akzentuierte Note ist länger.

Und damit alles den nötigen Swing bekommt und nicht zum unruhigen Rhythmus gerät:

⊳ Klopfe mit dem Fuß die zugrunde liegenden vier Viertel und versuche, dieses körperliche Gefühl innerlich beizubehalten.

⊳ Hebe die Synkope im 2. Akzent hervor.

⊳ Jouez les gammes majeures et mineures, descendantes puis ascendantes, en leur appliquant le rythme 3-3-2.

⊳ Jouez les trois accents avec la même intensité, sans diminuer l'intention.

⊳ Les sons qui viennent après les accents restent dans l'ombre.

⊳ La note accentuée est plus longue.

Pour donner le swing nécessaire et éviter que le rythme devienne irrégulier :

⊳ Frappez du pied les quatre noires de la base et essayez ensuite de ressentir la même sensation intérieure.

⊳ Accentuez la syncope du 2e accent.

RHYTHMUS 3-3-2 OHNE BÖGEN

Man kann durchaus Melodien finden, die zwar im 3-3-2-Rhythmus erscheinen, bei denen aber die Töne einfach wiederholt sind. Es ist zu beachten, dass diese keine melodische Bedeutung haben, sondern vielmehr der rhythmische Effekt im Vordergrund steht.
Noten ohne Akzent sind gut zu verbergen und dürfen keinesfalls als einzelne und separat verstanden werden.
Das erreichst du, wenn Folgendes beachtet wird:
⦿ Stoße die Noten mit Doppel- bzw. Tripelzunge an: t k t - t k t - t k. So hebst du die akzentuierten Töne hervor.
⦿ Denk dir den Anstoß ziemlich weich, vielleicht so: t g d - t g d - t g, und mache dabei die akzentuierte Note länger und einschneidender, so dass ein guter Kontrast entsteht.

LE RYTHME 3-3-2 SANS LIAISONS

Il est assez courant de trouver des mélodies qui commencent avec le rythme 3-3-2 mais avec une répétition des sons. Il faut avoir à l'esprit que ces liaisons n'ont pas un sens mélodique mais qu'elles servent à souligner la rythmique.
Il est important de bien dissimuler les notes non-accentuées et de ne pas les jouer séparément.
Pour ce faire, il faut tenir compte de cette technique :
⦿ Réaliser une attaque mixte: t k t - t k t - t k, ce qui va intensifier les sons accentués.
⦿ Réaliser une attaque très douce, peut-être t g d - t g d - tg, en allongeant la durée de la note accentuée et en la rendant plus incisive, ce qui va donner lieu à un bon contraste.

TRACK 20

Akzentuierung 3-3-2
Accentuation 3-3-2

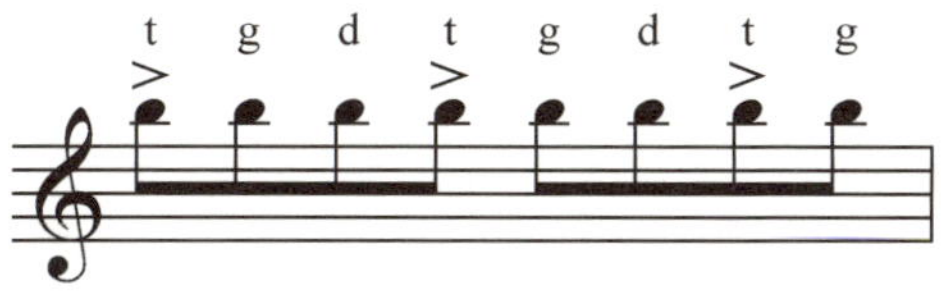

Man findet auch diese Schreibweise:
Peut être écrit aussi :

Ⓐ
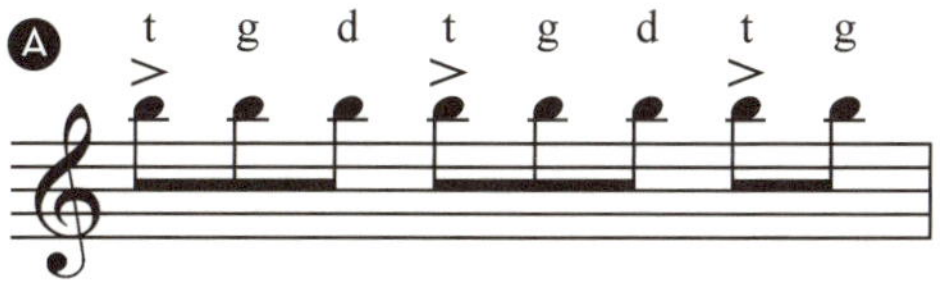

Am Ende können auch kleinere Notenwerte stehen:
Peut être plus rythmé à la fin :

Ⓑ
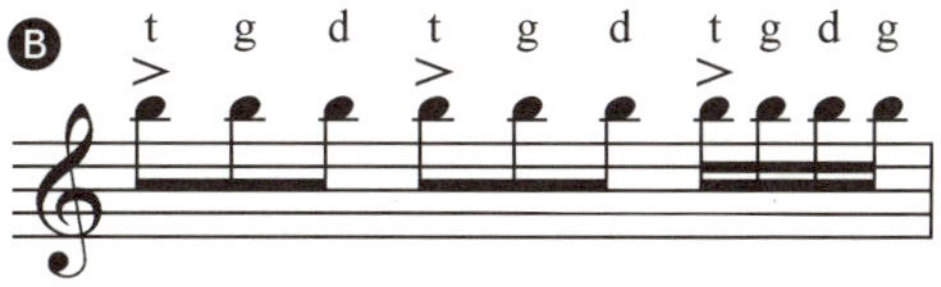

ÜBUNG 21 3-3-2 RHYTHMISCH

⊳ NIMM JEDEN TON DER CHROMATISCHEN SKALA UND FÜHRE DIE IN DEN ABBILDUNGEN A UND B (OBEN) BEZEICHNETEN ARTIKULATIONEN MIT JEDER EINZELNEN NOTE AUS.

EXERCICE 21 LE 3-3-2 RYTHMIQUE

⊳ PRENEZ UN PAR UN LES SONS DE LA GAMME CHROMATIQUE ET APPLIQUEZ-LEUR LES ARTICULATIONS INDIQUÉES AU DESSUS DE CHAQUE NOTE DANS LES FORMATS A ET B.

WIRKUNG DES AKZENTS BEI LANGEN NOTEN
L'EFFET DE L'ACCENT SUR LES NOTES LONGUES

Steht der Marcato-Akzent über einer langen Note, so ist ihre Dauer als verkürzt zu betrachten.

Das Symbol des Marcato-Akzents > bezeichnet zudem (wie es die Form des Zeichens darstellt) eine "Decrescendo-Gabel", denn man stellt sich ein Abnehmen des Tonvolumens vor.

Si une note de valeur longue comporte un accent marcato, sa durée sera écourtée.

Le symbole de l'accent marcato > (comme son dessin le montre) indique qu'il s'agit d'un « régulateur decrescendo ». Si l'accent marcato porte sur une note de longue durée, celle-ci se verra écourtée en imaginant l'affaiblissement du volume de la note.

LANGE NOTE 1
NOTE LONGUE 1

NOTATION
NOTATION

WIRKUNG
EFFET

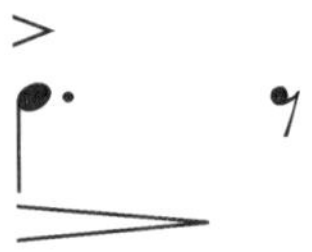

LANGE NOTE 2
NOTE LONGUE 2

NOTATION
NOTATION

WIRKUNG
EFFET

LANGE NOTE 3
NOTE LONGUE 3

NOTATION
NOTATION

WIRKUNG
EFFET

RESONANZ

Bei langen Noten ist daran zu arbeiten, dass der "fast" zur Pause werdende Raum in Wirklichkeit zur fortschwingenden Resonanz des verkürzten Tones wird.
Damit diese Resonanz auch hörbar wird, muss die Öffnung des Halses trainiert werden.

LA RÉSONANCE

Le point à travailler en ce qui concerne les notes longues est que l'espace de « quasi » silence devienne en fait un son écourté mais dont la résonance continue.
Il faut travailler l'ouverture de la gorge pour que cette résonance puisse se faire entendre.

TRACK 21

VERANO PORTEÑO
A. PIAZZOLLA

ÜBUNG 22 RESONANZ IN DER PAUSE

▶ FÜHRE DIE FOLGENDE ÜBUNG MIT EINER ABSTEIGENDEN CHROMATISCHEN SKALA AUS. BEACHTE GANZ BESONDERS DIE BEIGEGEBENEN TIPPS.

EXERCICE 22 RÉSONANCE DANS LE SILENCE

▶ RÉALISEZ L'EXERCICE SUIVANT AVEC UNE GAMME CHROMATIQUE DESCENDANTE EN AYANT À L'ESPRIT LES CONSEILS DONNÉS :

TRACK 22

WIRKUNG
Wir wollen, dass die zweite Note wie ein "Abkömmling" der ersten erscheint.

BEDENKE: In der Pause ist Resonanz. Das schaffst du nur, wenn der Hals immer offen ist und die Stützung durch den "Grundanblasdruck" ständig aufrechterhalten bleibt.

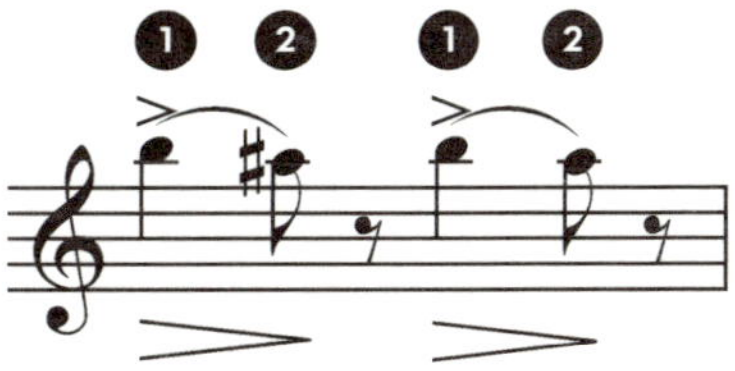

EFFET
L'effet recherché consiste à donner l'impression que la seconde note est un « dérivé » de la première. Il faut avoir à l'esprit que la résonance d'un son ne peut se faire entendre lors du silence que si la gorge est maintenue ouverte et que si l'appui de la « pression de base » se poursuit.

! ZU 1

▷ Spiele den Akzent mit Zwerchfell- und Zungenstoß.

▷ Denke zur Erreichung eines guten Akzents daran: Der Zwerchfellstoß ist wichtiger als der Zungenstoß.

▷ Prüfe, ob der Hals offen und die Tonhöhe nicht angestiegen ist.

ZU 2

▷ Mache keinerlei Bewegung mit dem Ansatz.

▷ Atme nicht in jeder Pause. Warte bis zum Atmungszeichen.

▷ Schließe nicht den Hals.

▷ Stell dir vor, wir setzen den Ton singend fort.

▷ Höre auf die Resonanz des schon vergangenen Tones (in Abhängigkeit von deinem Übungsraum wird die Resonanz länger oder kürzer sein).
Diese Resonanz hört man, wenn du spielst. Schließt sich der Hals, so bleibt dir hier nur Stille ... stumm.

1

▷ Jouez l'accent grâce à une poussée du diaphragme et une attaque.

▷ Pour que l'accent soit bien réussi, il faut savoir que la poussée du diaphragme est plus importante que l'attaque.

▷ Vérifiez que la gorge soit bien ouverte et que le ton n'ait pas monté.

2

▷ Ne faites aucun mouvement avec l'embouchure de la flûte.

▷ Ne respirez pas à chaque silence, mais attendez une virgule de respiration indiquée.

▷ Ne fermez pas la gorge.

▷ Imaginez que nous continuons en chantant la note.

▷ Écoutez la résonance du son précédent (selon l'acoustique de la pièce, la résonance sera plus ou moins longue).
La résonance se fait entendre quand on joue, mais si la gorge se ferme, elle sera remplacée par un silence... muet.

ÜBUNG 23 RHYTHMISCHE ZELLE MIT LANGER NOTE

BEGINNE BEI VERSCHIEDENEN TÖNEN AUF DER FLÖTE UND FÜHRE DIE ÜBUNG MIT EINER ABSTEIGENDEN CHROMATISCHEN SKALA AUS, ANSCHLIESSEND MIT EINER AUFSTEIGENDEN.

EXERCICE 23 CELLULE RYTHMIQUE AVEC NOTE LONGUE

RÉALISEZ CET EXERCICE EN PARTANT DE DIFFÉRENTES NOTES DE LA FLÛTE EN COMMENÇANT PAR DES GAMMES CHROMATIQUES DESCENDANTES PUIS ASCENDANTES.

TRACK 23

RHYTHMISCHE ZELLE MIT LANGER NOTE CELLULE RYTHMIQUE AVEC NOTE LONGUE	

WIRKUNG
EFFET

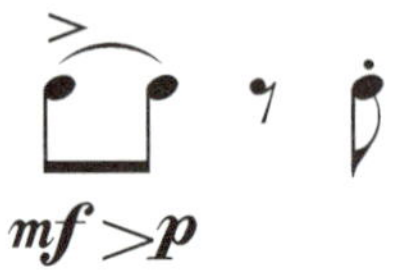

VERMEIDEN!
À ÉVITER !

Die auf die akzentuierte Achtel folgende Viertel wird verkürzt.

Fundamental ist die Resonanz: Lass in dem Moment den Hals geöffnet, halte den Druck der Luft im Körper aufrecht, um dann weiterzuspielen.

La noire qui suit la croche accentuée est écourtée.

Le plus important est la résonance : ne pas fermer la gorge, maintenir la pression de l'air dans le corps pour continuer à jouer par la suite.

» **SEITE** PAGE **51**

ETÜDE 2 - KOMBINIERTE ARTIKULATION

SPIELE ETÜDE 2 - KOMBINIERTE ARTIKULATION **UND VERWENDE DABEI ALLE DURCHGENOMMENEN INHALTE.**

ÉTUDE 2 - ARTICULATION COMBINÉE

JOUEZ L'ÉTUDE 2 - ARTICULATION COMBINÉE **EN Y APPLIQUANT TOUS LES CONCEPTS QUE NOUS AVONS ABORDÉS.**

ETÜDE 2 • KOMBINIERTE ARTIKULATION
ÉTUDE 2 • ARTICULATION COMBINÉE

MUSIK MUSIQUE
PAULINA FAIN

ANHÖREN **POUR ÉCOUTER** TRACK 08
MITSPIELEN **POUR JOUER** TRACK 09

▶ Benutze für den zweiten Marcato-Akzent einen Zwerchfellstoß ohne Zungenanstoß.

▶ Die tiefen Noten dürfen beim Anstoßen nicht "bersten". Kommt das vor, so heißt das: Die Balance zwischen Zwerchfell- und Zungenstoß stimmt nicht. Richtig ist eine Verteilung von 70% Zwerchfellstoß + 30% Zungenstoß.

Takte 25 bis 31:
▶ Akzentuierung 3-3-2.

▶ Stelle dir immer ein Fortschreiten der vier Grundschläge vor. So bekommst du den richtigen Swing.

▶ Die drei Akzente sollen von gleicher Intensität sein.

▶ Pour le second accent, utilisez une poussée du diaphragme sans attaque de la langue.

▶ Vérifiez que l'attaque des notes graves soit jouée sans «explosion ». Le cas échéant, cela signifie que l'équilibre entre l'attaque et la poussée du diaphragme n'est pas correct. Il est fondamental que l'équilibre soit de 70% pour la poussée du diaphragme et de 30% pour l'attaque.

Mesures 25 à 31 :
▶ Accentuation 3-3-2.

▶ Imaginez toujours que la démarche des quatre noires est à la base de l'effet de swing voulu.

▶ Les trois accents doivent être joués avec la même intensité.

ZWEI GLEICHE TÖNE ARTIKULIEREN

L'ARTICULATION DE DEUX MÊMES SONS

In einigen rhythmischen Melodien, etwa in **Etüde 2**, finden wir zwei gebundene Töne gleicher Höhe, wobei der erste einen Akzent trägt. Wir sehen uns dazu hier eine andere Möglichkeit an, wie man den zweiten Ton anstoßen kann.

Dans certaines mélodies rythmiques, comme dans l'**Étude 2**, il est possible de trouver deux sons de même hauteur unis par une liaison, avec un accent sur la première note. Nous allons aborder ici une façon différente de réaliser l'attaque du deuxième son.

SCHREIBWEISE
ÉCRIT

In solchen Fällen kann, auch wenn es nicht in den Noten steht, nach folgender Art artikuliert werden:

Dans ce cas, on peut appliquer la technique suivante même si elle n'est pas indiquée sur la partition :

DER MÖGLICHE EFFEKT
EFFET POSSIBLE

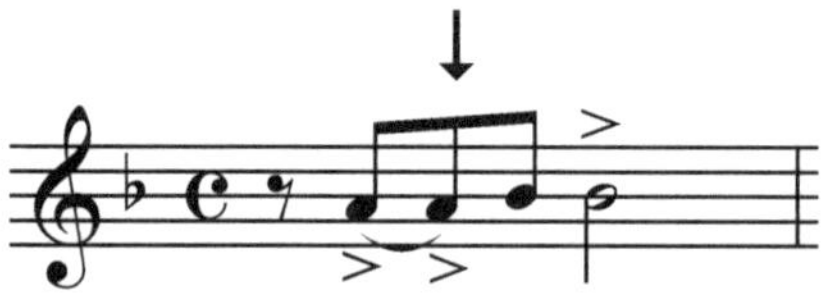

⦿ Die akzentuierte Note wird mit Zwerchfell- und Zungenstoß gespielt.

⦿ Beim zweiten Ton (der hier gekennzeichnet ist) führt man erneut einen Zwerchfellstoß aus, ohne aber noch einmal mit der Zunge anzustoßen.

Spielen wir mit anderen zusammen, ist in jedem Einzelfall zu prüfen, ob der Effekt anwendbar ist oder nicht.
Die Wirkung dieses "Zwerchfell-Anstoßens" hört man bei solchen Bindungen gewöhnlich in den Bandoneons.
Wir könnten übrigens so auch spielen, wenn die gleiche Artikulation zwei Viertel betrifft.

⦿ Jouer la note accentuée grâce à une poussée du diaphragme associée à une attaque.

⦿ Jouer le deuxième son (celui qui est indiqué) par une poussée du diaphragme mais sans nouvelle attaque.

Si nous jouons dans un ensemble, nous devons vérifier dans chaque cas si l'effet fonctionne ou non.
Grâce à ce genre d'« attaque par le diaphragme », l'effet obtenu est celui que joue habituellement le bandonéon dans le même cas. La même technique peut être appliquée quand il y a articulation entre deux noires.

KOMBINATIONEN RHYTHMISCHER ZELLEN

Angesichts der “professionellen Deformation”, an der Flötisten leiden, nämlich dem beständigen Stützen und gleichmäßigen Halten aller Töne, schrieb der Bandoneonist und Komponist Rodolfo Mederos neun Etüden. Mit ihnen sollen Flötisten an die Art herangeführt werden, in der rhythmische Melodien im Tango zu spielen sind. Er nannte diese Stücke **Estudios sobre estructuras rítmico-melódicas del tango** (“Etüden über rhythmisch-melodische Strukturen im Tango”).
Mederos’ Etüden 3 und 4 sind bewusst in dieses Buch aufgenommen. Sie ergänzen, so meine ich, die schon erlernten grundlegenden Konzepte um eine ganze Reihe interessanter rhythmischer Varianten.
Ich habe spezielle Hinweise für Flötisten hinzugefügt, in denen das Augenmerk auf technischen Aspekten und dem gewünschten Klangergebnis liegt.

ETÜDEN MIT VARIATIONEN UND WEITEREN STIMMEN

Die Etüden enthalten, wie wir sehen werden, Spiel-Variationen, bei denen Änderungen in der Artikulation oder im Rhythmus der vorgestellten Melodie erfolgen. Betont sei auch, dass alle Etüden über zwei Begleitstimmen verfügen (Flöte 2 und 3). So kann man sich mit ein paar Freunden an der Flöte zusammentun und die Rollen tauschen. Oft finden sich auch in den weiteren Stimmen Variationen.

COMBINAISONS DE CELLULES RYTHMIQUES

Compte tenu de la « déformation professionnelle » des flûtistes, qui ont l’habitude de toujours appuyer et de maintenir tous les sons, le bandonéoniste et compositeur Rodolfo Mederos a écrit neuf études pour aider les flûtistes à s’approprier la façon de jouer les mélodies rythmiques du tango. Ces études s’intitulent **Estudios sobre estructuras rítmico-melódicas del tango** (« Études sur les structures rythmico-mélodiques du tango »).
J’ai décidé d’inclure ici les **Études 3** et **4** qui, selon moi, intègrent, outre les concepts de base que nous avons déjà abordés, une quantité considérable de variantes rythmiques. J’y ai ajouté des indications spécifiques pour les flûtistes, en insistant sur les aspects techniques et sur le résultat auditif à rechercher.

ÉTUDES AVEC VARIATIONS ET VOIX

Comme nous allons le voir, les études présentent des variations à jouer en changeant l’articulation ou le rythme de la mélodie proposée. Il faut souligner que toutes les études disposent de deux parties d’accompagnement (flûte 2 et 3), ce qui offre la possibilité de jouer avec des amis flûtistes et d’échanger les rôles. Très souvent, les parties d’accompagnement présentent aussi des variations.

» **SEITE** PAGE **54**

ANHÖREN **POUR ÉCOUTER** TRACK 24

ETÜDE 3 - RHYTHMISCHE ZELLEN

FÜHRE DIE GESAMTE ETÜDE 3 MIT DER IN DEN TAKTEN 1 UND 2 ANGEZEICHNETEN ARTIKULATION AUS.

ÉTUDE 3 - CELLULES RYTHMIQUES

RÉALISEZ TOUTE L’ÉTUDE AVEC L’ARTICULATION INDIQUÉE DANS LES MESURES 1 ET 2.

ETÜDE 3 • RHYTHMISCHE ZELLEN
ÉTUDE 3 • CELLULES RYTHMIQUES

MUSIK MUSIQUE
RODOLFO MEDEROS

AUS TIRÉ DE ESTUDIOS SOBRE ESTRUCTURAS RÍTMICO-MELÓDICAS DEL TANGO

Der in dieser Variante erscheinende Portato-Akzent (–) hat im Tango den gleichen Effekt wie in der klassischen Musik. Man hält also die Note über ihren ganzen Wert, ohne zu akzentuieren. Einen kleinen Effekt des Nachlassens soll sie allerdings bekommen, genauso wie bei langen Noten.

Denk dir bei den Noten mit Portato-Artikulation den Anstoß eher als "du" denn als "tu".

Bei jeder Gruppe aus vier Sechzehnteln (gebunden) – in der Etüde erscheinen sie alle zwei Takte – können Abwandlungen vorgenommen werden

- in der Färbung: ein crescendo oder decrescendo;
- im Rhythmus: ein internes accelerando oder rallentando.

L'accent portato (–) qui apparaît dans cette variante a le même effet dans le tango que dans la musique classique. C'est-à-dire que la valeur totale de la note est jouée, sans accent, même si on note un petit effet d'affaiblissement, comme pour les notes longues.

Pour les notes avec une articulation portato, il faut imaginer l'attaque en prononçant la syllabe « dou » plutôt que « tou ».

On peut apporter des modifications à chaque groupe de quatre demi-croches (liées), comme celles que l'on rencontre toutes les deux mesures dans l'étude :

- dans les nuances : régulateur crescendo ou decrescendo
- dans le rythme : accelerando ou rallentando interne

ÜBUNG 24 ETÜDE 3 - VARIANTE A

EXERCICE 24 ÉTUDE 3, VARIATION A

TRACK 25

Spiele das Portato ohne Aushalten des gesamten Notenwertes.

Die letzte Halbe ... sie ist kürzer!

Jouez le portato sans soutenir la durée totale des notes.

La dernière blanche... est plus courte !

ÜBUNG 25 ETÜDE 3 - VARIANTE B

EXERCICE 25 ÉTUDE 3, VARIATION B

TRACK 26

IN DIESER VARIANTE TRITT EIN PRALLER AUF. ER KOMMT IN RHYTHMISCHEN MELODIEN IN DIESER AUSGESCHRIEBENEN FORM ODER NUR ALS PRALLTRILLER-ZEICHEN VOR. [16]

CETTE VARIATION COMPTE UN MORDANT (ÉCRIT) : DANS LES MÉLODIES RYTHMIQUES, IL PEUT ÊTRE ÉCRIT AINSI OU UNIQUEMENT AVEC LE SYMBOLE DU MORDANT. [16]

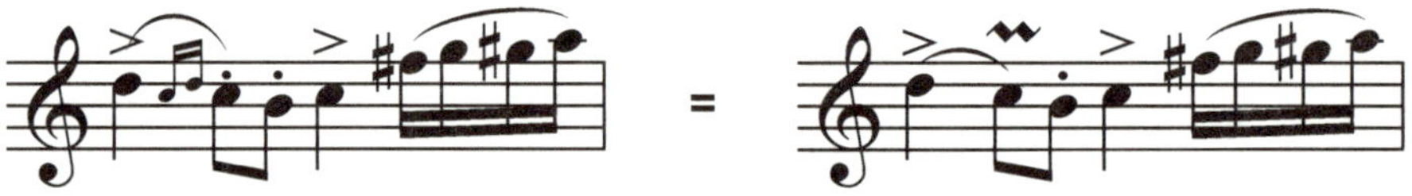

Bei rhythmischen Melodien ist der Praller immer so dicht wie möglich und gebunden an die vorhergehende Note zu spielen (wie hier notiert).

Spiele keinerlei Akzent auf den Praller. Gib ihn der Note, die ihn trägt (hier also der vorhergehenden).

S'il s'agit d'une mélodie rythmique, le mordant doit être joué aussi fermé que possible et lié à la note antérieure (comme il est écrit sur la partition).

Ne mettez aucun accent sur le mordant, mais seulement sur la note qui doit être accentuée (dans notre cas, la note précédente).

(16) Für Einzelheiten zum Gebrauch des Pralltrillers siehe das Kapitel "Verzierungen", S. 70.

(16) Les détails sur l'utilisation du mordant se trouvent dans le chapitre « Fioritures», page 70.

» SEITE PAGE 58

ANHÖREN POUR ÉCOUTER TRACK 27

Die **Etüde 4** geht über zahlreiche Varianten. Sie ist auch deshalb sehr interessant, da uns ihr eingehendes und wiederholtes Durchnehmen große Sicherheit im Umgang mit jedweder rhythmischen Variante verschafft, die uns in einer Partitur begegnen kann. Außerdem dient sie der Rekapitulation und Festigung aller bisher erarbeiteten Inhalte.

L´**étude 4** contient une grande quantité de variantes. C'est en même temps une étude fort intéressante qui, travaillée sérieusement et avec régularité, vous conférera une grande habileté à réaliser tout type de variante rythmique. Elle permet, de plus, de revoir et de fixer tous les concepts déjà abordés.

ETÜDE 4 - RHYTHMISCHE ZELLEN II

FÜHRE DIE GESAMTE ETÜDE 4 **MIT DER IN TAKT 1 UND 2 ANGEGEBENEN ARTIKULATION AUS.**

ÉTUDE 4 - CELLULES RYTHMIQUES II

JOUEZ TOUTE L'ÉTUDE AVEC L'ARTICULATION INDIQUÉE DANS LES MESURES 1 ET 2.

ETÜDE 4 • RHYTHMISCHE ZELLEN II
ÉTUDE 4 • CELLULES RYTHMIQUES II

MUSIK MUSIQUE
RODOLFO MEDEROS

AUS TIRÉ DE ESTUDIOS SOBRE ESTRUCTURAS RÍTMICO-MELÓDICAS DEL TANGO

RICORDI

MÉTODO DE TANGO

GRUNDLEGENDE SCHULE
DES TANGOSPIELS

MÉTHODE FONDAMENTALE POUR
APPRENDRE À JOUER LE TANGO

DIE FLÖTE IM TANGO

LA FLÛTE DANS LE TANGO

PAULINA FAIN

KLAVIERSTIMMEN

PARTITIONS POUR PIANO

SY. 2920

TORBELLINOS
TANGO

MUSIK MUSIQUE
PAULINA FAIN

Moderato ♩ = 100
Em9
Em/D
C♯m7(♭5)
CmMaj7
G/B
Gm6

22
D/F♯
F dim
E m7
A 7(♭9)
♩=110
Ped.
25
mf
Ped.
28
p
p
Ped.
Ped.
32
crescendo
crescendo
Ped.
Ped.

34
36
f
mf
f
39
p
42

44
mp
F♯m7
C dim
46
G♯m7
C♯7
F♯m7
B7
G♯m7
mf
49
subito p
subito p
51
8va

POR ESTOS TIEMPOS
TANGO

MUSIK MUSIQUE
PAULINA FAIN
EXEQUIEL MANTEGA

11
mp
mp
14
p
mf
17
f
f
20
Ped.
Ped.
Ped.

23
Meno tempo
Bm7
D/E
Em11
A7
Ped.
27
Ped.
Ped.
31
Tempo 1
34
Ped.
Ped.

37
Ped.
p
40
mf
p
43
mf
47
p
mp

50
mf
53
mf
56
f
f
59
Meno tempo
p
p
3

63
Meno tempo
DMaj7
Ped.
67
Dm(maj7)
A/C♯
Bm7
E7
Tempo 1
mp
sfz
70
mf
72

74
76
Ped.
78
mp
Meno tempo
Dm
G7
A/C#
C7
mp
80
Bm7
D/E
A6
Ped.

MILONGA DEL PIBE
MILONGA

MUSIK MUSIQUE
PAULINA FAIN

To Coda
To Coda
Ped.
Ped.
Ped.

33
mp
38
tr
p
mf
Ped.
43
molto legato
F♯m11
48
Bm9
E7/G♯
A/C♯

53
tr
D.S. al Coda
mp
Ped.
Ped.
D.S. al Coda
58
mf
mf
f
61
Ped.
Ped.
65
sfz
p

LA EMBRUJADA
VALS

MUSIK MUSIQUE
PAULINA FAIN

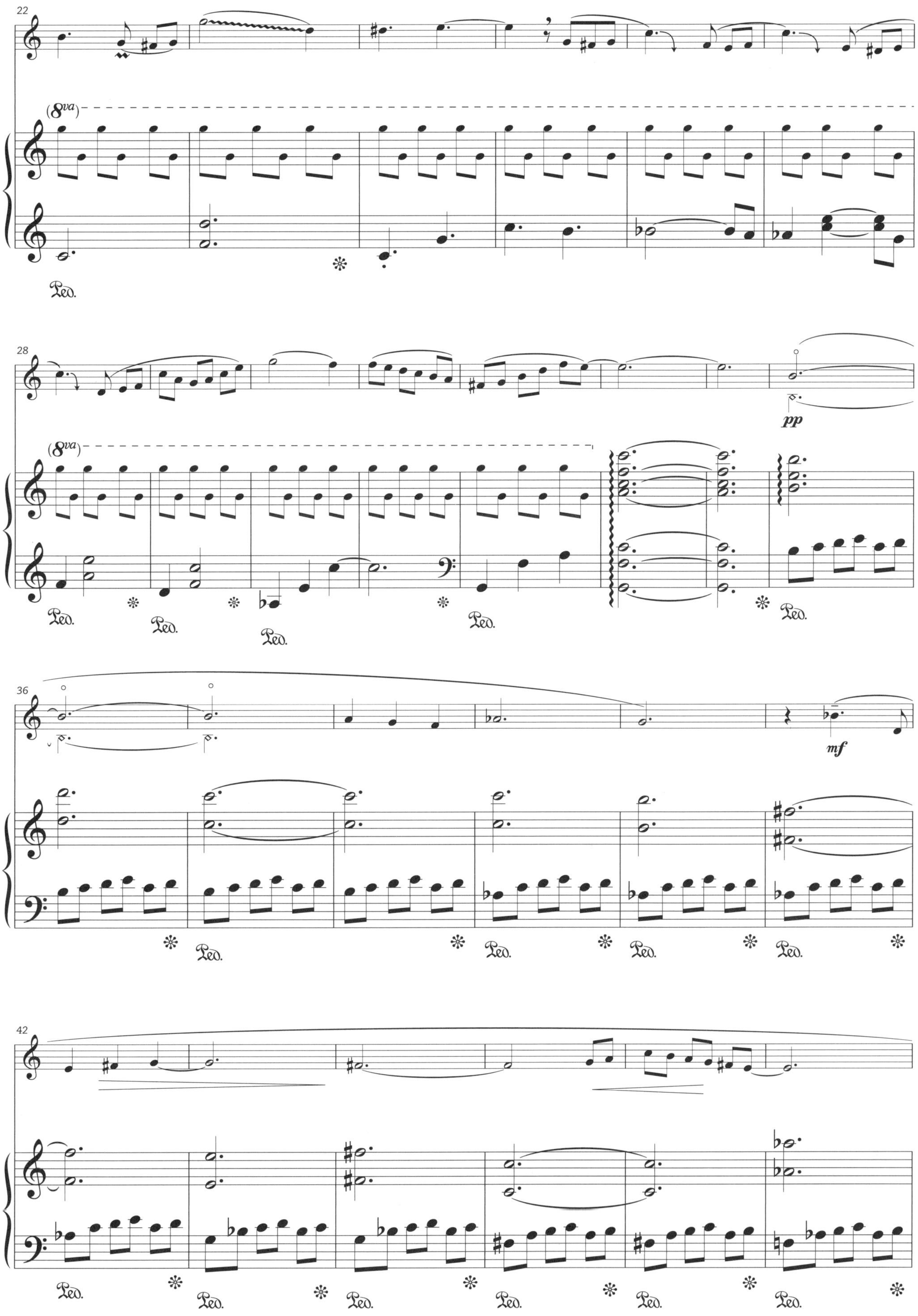
22
(8va)
Ped.
28
(8va)
pp
Ped.
36
mf
Ped.
42
Ped.

48
55
Moderato ♩ = 150
61
subito p
Poco mas (♩ = c. 160)
subito p
68

mf
Allegro (♩ = c. 200)
Ped.
Ped.
Ped.
Ped.
75
83
90
96

102
f
107
Ped.
Ped.
112
accel.
accel.
118
Ped.

MICROCENTRO

ZEITGENÖSSISCHER TANGO • TANGO CONTEMPORAIN

MUSIK MUSIQUE
PAULINA FAIN

10
f
p
sfz
p
13
ff
ff
mf
8vb
16
18
sfzp
mf

p
p
p
mf
mf
Ped.
sffz p
rit.
Ped.
Moderato (♩= c. 80)
p
Ped.

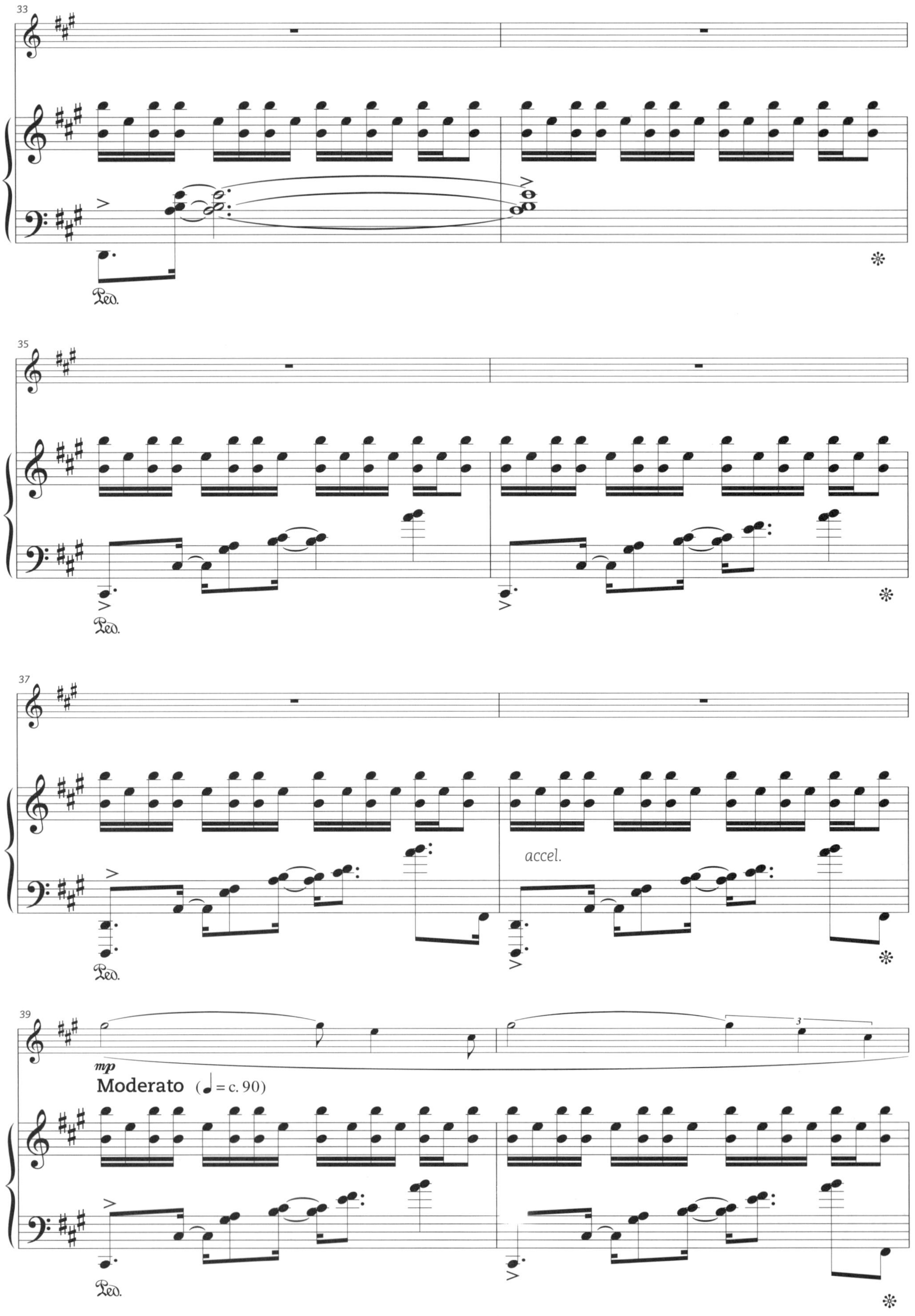
33
Ped.
35
Ped.
37
Ped.
accel.
39
mp
Moderato (♩ = c. 90)
3
Ped.

⊛ Der Pianist singt die im Flöten-System abgedruckte Melodie (Unterstimme).
Le pianiste chante la mélodie indiquée sur la portée de la flûte (la partie inférieure).

49
ri - do
Ped.
51
cuan - do yo
te vuel - va
3
Ped.
Ped.
53
ver
8va
Ped.
Ped.
55
(8va)
8va
8va
Ped.
Ped.
rit.

57
(8va)
♩ = 120
a tempo
f
61
sfz
64
67

69
71
74
p
mf
3
8vb
77

79
p
mp
8va
82
(8va)
p
mf
84
p
p
86
ff
ff
Ped.

▷ Hast du die ganze Etüde in ihrer "Grundform" gespielt (so wie sie notiert ist), solltest du noch einmal prüfen:

⦿ ob die Akzente genügend herausgestellt wurden, also mit der nötigen Unterstützung durch das Zwerchfell und der folgenden Note im "Schatten" der akzentuierten;

⦿ ob beide Töne die richtige Tonhöhe haben;

⦿ ob wir die Hörwirkung beim Spielen im langsamen wie im schnellen Tempo halten können.

▷ Sind wir bereit? Dann geht es mit den Varianten weiter...

⦿ Führe jede Variante über die komplette Etüde aus.

⦿ Versuche, unabhängig vom Register, in dem gespielt wird, bei den Akzenten immer die gleiche Präzision und Ausgeprägtheit zu erreichen.

▷ Après avoir joué toute l'étude dans sa version de base (celle écrite sur la partition), il conviendra de vérifier :

⦿ si les accents sont suffisamment mis en valeur, grâce au soutien du diaphragme et que la note suivante se retrouve « à l'ombre » de la note accentuée ;

⦿ si les deux sons s'accordent ;

⦿ si l'effet à l'écoute peut être maintenu à un tempo lent comme à un tempo rapide.

▷ Si les réponses sont affirmatives, poursuivons avec les variations...

⦿ Appliquez chaque variante à l'ensemble de l'étude.

⦿ Cherchez à obtenir la même précision et la même intensité des accents, indépendamment du registre utilisé.

ÜBUNG 26 ETÜDE 4 - VARIANTE A

EXERCICE 26 ÉTUDE 4, VARIATION A

TRACK 28

ÜBUNG 27 ETÜDE 4 - VARIANTE B

EXERCICE 27 ÉTUDE 4, VARIATION B

TRACK 29

ÜBUNG 28 ETÜDE 4 - VARIANTE C

EXERCICE 28 ÉTUDE 4, VARIATION C

TRACK 30

Der Rhythmus ist hier das schon behandelte 3-3-2. Lies noch einmal die Tipps, die ich auf S. 46 zu dieser rhythmischen Zelle gegeben habe.

Il s'agit du rythme 3-3-2 que nous avons déjà évoqué. Relisez les conseils donnés page 46 sur cette cellule rythmique.

ÜBUNG 29 ETÜDE 4 - VARIANTE D

EXERCICE 29 ÉTUDE 4, VARIATION D

TRACK 31

FL 1
FL 2
FL 3

Stelle dir 4/4 als Grundlage vor. Wenn nötig, tippe mit dem Fuß.

Lasse den Swing bei der synkopierten Note hören.

Imaginez une base en 4/4. Si nécessaire, battez le rythme avec le pied.

Faites ressortir le swing des parties syncopées.

ÜBUNG 30 ETÜDE 4 - VARIANTE E

EXERCICE 30 ÉTUDE 4, VARIATION E

TRACK 32

FL 1
FL 2
FL 3

ÜBUNG 31 ETÜDE 4 - VARIANTE F

EXERCICE 31 ÉTUDE 4, VARIATION F

TRACK 33

FL 1
FL 2
FL 3

ÜBUNG 32 ETÜDE 4 - VARIANTE G

EXERCICE 32 ÉTUDE 4, VARIATION G

TRACK 34

ÜBUNG 33 ETÜDE 4 - VARIANTE H

EXERCICE 33 ÉTUDE 4, VARIATION H

TRACK 35

ÜBUNG 34 ETÜDE 4 - VARIANTE I

EXERCICE 31 ÉTUDE 4, VARIATION I

TRACK 36

Liegt ein Akzent innerhalb eines langen Bogens

Hier will der Bogen die Gesamtidee ausdrücken (er ist als Phrasierungsbogen zu verstehen). Auch wenn die Note scheinbar als gebunden notiert ist, ist es üblich, ihr einen eigenen Anstoß zu geben.

Also: Spiele beim zweiten Akzent dieses Beispiels mit einem Zwerchfellstoß und gib ihm einen kleinen Zungenstoß (halbgebunden).

Quand un accent se trouve dans une liaison

Dans ces cas, la liaison est notée pour transmettre l'idée globale (comme s'il s'agissait d'une liaison d'expression) mais, même si elle est écrite, il est d'usage d'attaquer la note qui porte l'accent, même si elle est liée.

Jouez le deuxième accent de cet exemple avec une poussée du diaphragme et réalisez une petite attaque de langue (semi-liée).

ÜBUNG 35 ETÜDE 4 - VARIANTE J

EXERCICE 35 ÉTUDE 4, VARIATION J

TRACK 37

ÜBUNG 36 ETÜDE 4 - VARIANTE K

EXERCICE 36 ÉTUDE 4, VARIATION K

TRACK 38

⊳ Die gebunden auftretenden Akzente, wie sie sowohl Variante K als auch L zeigen, sind in der bereits für Variante I gelernten Weise auszuführen.

⊳ Pour les accents liés des variations K et L, réalisez-les avec la technique déjà apprise pour la variation I.

ÜBUNG 37 ETÜDE 4 - VARIANTE L

EXERCICE 37 ÉTUDE 4, VARIATION L

TRACK 39

ÜBUNG 38 ETÜDE 4 - VARIANTE M

EXERCICE 38 ÉTUDE 4, VARIATION M

TRACK 40

ÜBUNG 39 ETÜDE 4 - VARIANTE N

EXERCICE 39 ÉTUDE 4, VARIATION N

TRACK 41

HALBGEBUNDENE ARTIKULATION
ARTICULATION SEMI-LIÉE

BEI DIESEM ARTIKULATIONSTYP BINDEN WIR ZWAR, STOSSEN JEDOCH BEI ERREICHEN DES ZWEITEN TONES LEICHT MIT DER ZUNGE AN.

Wir werden diese Artikulationsvariante, die im Allgemeinen nicht in den Noten steht, in einer ganzen Reihe von Situationen benötigen. Grafisch stellen wir sie hier durch eine gepunktete Linie dar. Schauen wir uns all die Fälle an, in denen diese Artikulation anwendbar ist.

DANS CE TYPE D'ARTICULATION, NOUS LIONS LES NOTES TOUT EN RÉALISANT LORS DU DEUXIÈME SON UNE LÉGÈRE ATTAQUE AVEC LA LANGUE.

Il existe différents cas de figure pour lesquels ce genre d'articulation va s'avérer nécessaire, même si, en général, elle ne figure pas sur la partition. Nous indiquerons ici cette articulation par des pointillés. Nous verrons tous les cas pour lesquels ce concept peut s'appliquer :

HALBGEBUNDENE ARTIKULATION
ARTICULATION SEMI-LIÉE

WIRKUNG
EFFET

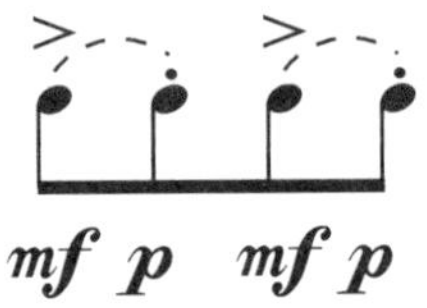

VERMEIDEN!
À ÉVITER !

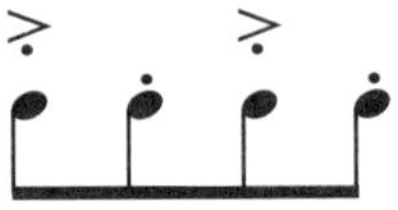

ANWENDUNGSFÄLLE

FÜR EINEN NOCH TRANSPARENTEREN RHYTHMUS
Wenn wir eine stärkere rhythmische Wirkung schaffen wollen, legen wir diesen Effekt jeweils auf die angebundenen Töne.

DANS QUELS CAS UTILISER CE CONCEPT

POUR DÉFINIR PLUS EN DÉTAIL LE RYTHME
Dans les cas où nous souhaitons donner plus de rythme à une composition, en appliquant cet effet sur des sons liés.

TRACK 42

ETÜDE 1
P. FAIN

ZUR BEFÖRDERUNG DER RESONANZ
Wenn wir die Wirkung des Akzents zwischen zwei Tönen unterstreichen wollen, die nicht als gebunden notiert sind.

POUR CONTRIBUER À LA RÉSONANCE
Dans les cas où nous souhaitons souligner l'effet d'un accent entre deux sons qui sont écrits sans liaison.

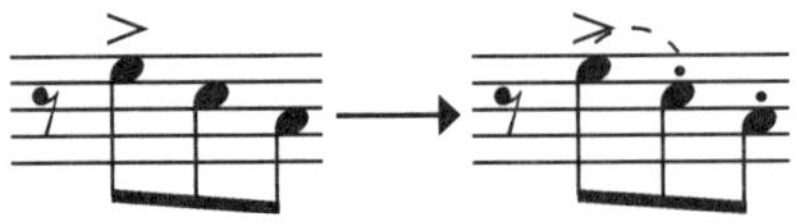

In der gesamten Musik Astor Piazzollas ist die Anwendung sehr dienlich.

Cela peut s'avérer très utile pour les compositions d'Astor Piazzolla.

CONCERT D'AUJOURD'HUI
A. PIAZZOLLA

WEITE INTERVALLE

Bei Intervallen von mehr als einer Quarte kann es – je nach Schwierigkeit des Intervalls und abhängig vom Register – problematisch werden, den erwünschten Klangeffekt zu erzeugen. Der tangotypische Effekt, dass die Note nach der akzentuierten gebunden und piano erklingen soll, geht in diesen Situationen leicht verloren.
Ein Beispiel, wo diese Technik vorteilhaft sein könnte:

INTERVALLES ÉLOIGNÉS

Quand nous rencontrons des intervalles supérieurs à la quarte, selon la difficulté de l'intervalle et selon le registre, il peut s'avérer difficile de produire l'effet : dans cette situation, l'effet caractéristique du tango, qui veut qu'à une note accentuée succède une note à la fois liée et piano, peut être fréquemment perdu.
Un exemple pour lequel cette technique peut se révéler nécessaire:

CONCERT D'AUJOURD'HUI
A. PIAZZOLLA

Notation
Écrit

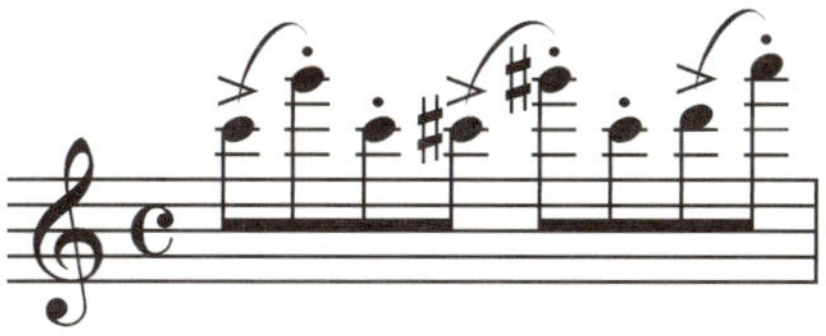

Wirkung
Effet

ÜBUNG 40 HALBGEBUNDENE ARTIKULATION

ÄNDERE BEI AUSFÜHRUNG DIESER ÜBUNG JEDEN TAG DIE ACHSENNOTE.

VERSUCHE IMMER, DEN ANSTOSS BEI DER ZWEITEN NOTE SO LEICHT ZU GESTALTEN, DASS ER FAST NICHT HÖRBAR IST.

SPIELE ANSCHLIESSEND DIE ETÜDEN 1 **UND** 2 **UND ERSETZE DABEI ALLE BINDUNGEN ZWISCHEN ZWEI NOTEN DURCH EINE HALBGEBUNDENE ARTIKULATION.**

EXERCICE 40 ARTICULATION SEMI-LIÉE

RÉALISEZ L'EXERCICE EN CHANGEANT CHAQUE JOUR LA NOTE PIVOT.

IL FAUT SANS CESSE ESSAYER DE FAIRE EN SORTE QUE L'ATTAQUE DE LA DEUXIÈME NOTE SOIT SI LÉGÈRE QU'ELLE S'ENTEND À PEINE.

ENSUITE, JOUEZ LES ÉTUDES 1 ET 2 EN REMPLAÇANT TOUTES LES LIAISONS ENTRE DEUX NOTES PAR UNE ARTICULATION SEMI-LIÉE.

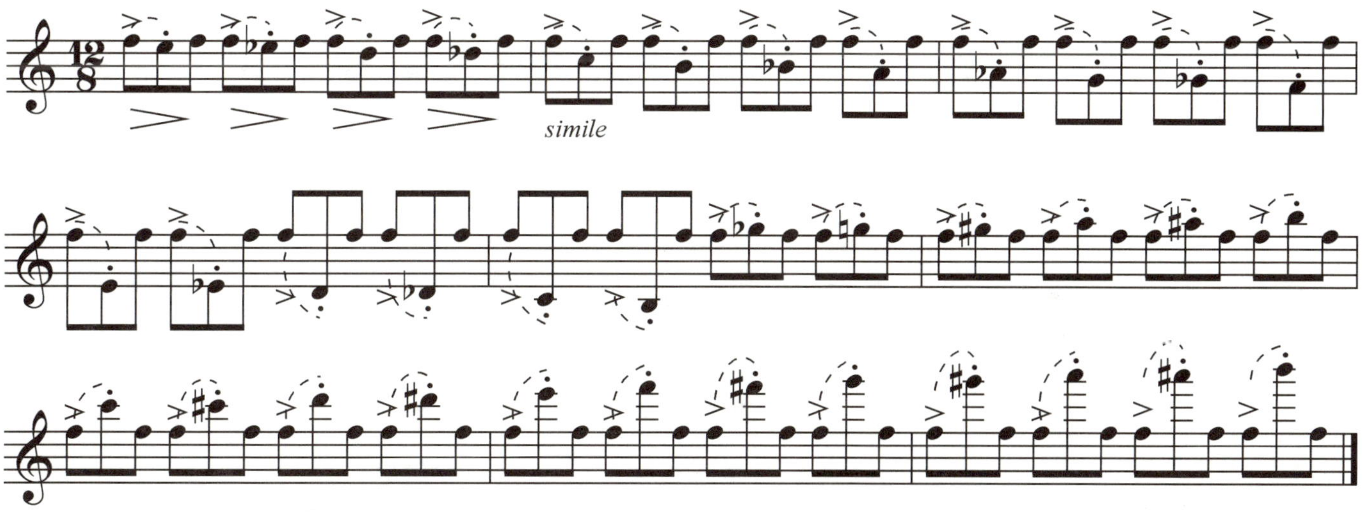

ETÜDE 5 • ARTIKULATION UND FRASEO
ÉTUDE 5 • ARTICULATION ET FRASEO

MUSIK MUSIQUE
PAULINA FAIN

ANHÖREN **POUR ÉCOUTER** TRACK 10
MITSPIELEN **POUR JOUER** TRACK 11

ETÜDE 5 - ARTIKULATION UND FRASEO

SPIELE ETÜDE 5 **UND SETZE ALLE BISHER DURCHGENOMMENEN GESTALTUNGSMITTEL EIN.**

UM DIE ETÜDE MIT IHREM VOLLEN GEHALT AUSZUFÜHREN, KANNST DU DIE STILISTISCHEN HINWEISE IM ABSCHNITT "TYPISCHE SPIELFORMEN BEIM TUTTI" (S. 110) ANSEHEN, DIE HIER IN DEN TAKTEN 1 BIS 8 UND 17 BIS 24 ZU BEACHTEN SIND.

ÉTUDE 5 - ARTICULATION ET FRASEO

JOUEZ L'ÉTUDE 5 **EN APPLIQUANT TOUS LES CONCEPTS QUE NOUS AVONS DÉJÀ ÉTUDIÉS.**

POUR COMPLÉTER LE TRAVAIL DE CETTE ÉTUDE, REPORTEZ-VOUS À LA SECTION « TRAITEMENTS TYPIQUES DANS UN TUTTI » (PAGE 110) SUR LES RÉFÉRENCES STYLISTIQUES À APPLIQUER AUX MESURES 1 À 8 ET 17 À 24.

» **SEITE** PAGE **68**

Spiele zum Abschluss des Kapitels den von mir komponierten Tango **Torbellinos**. Wende alles an, was du bisher gelernt hast.

Denk daran: Am Ende des Buches findest du die Noten für Klavier und die Begleitung hast du auf der CD 2.

Pour clore le chapitre, je vous propose de jouer le tango **Torbellinos** que j'ai composé, en appliquant tous les concepts que nous avons appris.

N'oubliez pas que la partition pour piano se trouve à la fin du livre et que l'accompagnement est disponible sur le CD 2.

TORBELLINOS
TANGO

MUSIK MUSIQUE
PAULINA FAIN

ANHÖREN **POUR ÉCOUTER** TRACK 12
MITSPIELEN **POUR JOUER** TRACK 13

28
p
32
crescendo
34
36
f
mf
38
40
43
mp
46
mf
subito p
50

DIE GRUNDLEGENDEN VERZIERUNGEN
FIORITURES DE BASE

AUCH FÜR VERZIERUNGEN GIBT ES, WIE FÜR ALLE ANDEREN ASPEKTE DES GENRES, BESTIMMTE REGELN, DIE DANACH UNTERSCHEIDEN, OB EINE EXPRESSIVE ODER RHYTHMISCHE MELODIE GEGEBEN IST. SEHEN WIR UNS DIE JEWEILS ZU BEACHTENDEN GRUNDSÄTZE AN.

COMME DANS TOUS LES AUTRES ASPECTS DU TANGO, LES FIORITURES SUIVENT ÉGALEMENT DES RÈGLES DIFFÉRENTES SELON QU'IL S'AGIT DE MÉLODIES EXPRESSIVES OU RYTHMIQUES. VOYONS LES RÈGLES À AVOIR À L'ESPRIT POUR CHAQUE TYPE DE MÉLODIE :

EXPRESSIVE MELODIE

MÉLODIE EXPRESSIVE

GEBRAUCH DER VERZIERUNGEN

BEI EINEM SOLO

⦿ Verzierungen können notiert sein, man kann sie aber auch hinzufügen und/oder spontan ändern.

⦿ Beim Solo sind evtl. keine Verzierungen notiert. Dann setzt sie der Interpret nach Belieben ein, um die melodische "Rede" zu unterstreichen.

⦿ Die Verzierung kann die Bedeutung einer Melodienote annehmen.

⦿ Beachte immer: Die Verzierung hebt eine Note oder Idee heraus. Gebrauche sie also mit Vorsicht, um die melodische "Rede" nicht zu überladen.

BEI EINEM SOLI

⦿ Gewöhnlich notiert.

⦿ Sind sie nicht notiert und will man einer Idee eine Verzierung hinzufügen, so wird sie von der gesamten *Fila*[17] vermerkt, damit sie von allen einheitlich gespielt wird.

⦿ Dauer oder Gestaltungsabsicht sind abzustimmen. In der Regel fügt man sie nur an ganz besonderen Stellen ein.

BEI EINEM TUTTI

⦿ In der Regel notiert.

UTILISATION DES FIORITURES

DANS UN SOLO

⦿ Elles peuvent être écrites sur la partition, mais il est possible de les ajouter et/ou de les changer spontanément.

⦿ Il est possible que les fioritures ne soient pas écrites dans un solo. Dans ce cas, l'interprète peut les réaliser comme bon lui semble, afin de renforcer le discours mélodique.

⦿ La fioriture peut être aussi importante qu'une note réelle.

⦿ Il faut toujours avoir à l'esprit qu'une fioriture souligne une note ou une idée. Il convient donc de l'utiliser avec parcimonie pour ne pas surcharger le discours.

DANS UN SOLI

⦿ Elles sont généralement écrites.

⦿ Si on décide d'ajouter à une idée une fioriture non écrite, toute la *fila*[17] en prend note afin de la jouer ensemble.

⦿ Il faut se mettre d'accord sur la durée ou l'intention. On ne les ajoute qu'à des moments spécifiques.

DANS UN TUTTI

⦿ Elles sont généralement écrites.

FORMEN DER VERZIERUNG

Pralltriller
Glissandi
Vorschläge
Triller
Doppelschläge

TYPES DE FIORITURES

Mordants
Glissandos
Appogiatures
Trilles
Gruppetti

RHYTHMISCHE MELODIE

MÉLODIE RYTHMIQUE

GEBRAUCH DER VERZIERUNGEN

⦿ Verzierungen sind normalerweise notiert.

⦿ Fügt man welche hinzu, betonen sie meist die starken Zählzeiten.

⦿ Im Laufe der Tangogeschichte verloren einige Verzierungen an Bedeutung (etwa der Triller).

⦿ Verzierungen werden meist *cerrado* ("geschlossen") gespielt, d.h. so kurz und scharf wie möglich

UTILISATION DES FIORITURES

⦿ Les fioritures sont généralement écrites.

⦿ Si on ajoute des fioritures, elles viennent généralement consolider les temps forts.

⦿ Tout au long de l'histoire du tango, certaines fioritures (comme le trille) seront moins utilisées.

⦿ Les fioritures sont jouées généralement « fermées », c'est-à dire aussi courtes et vives que possible.

FORMEN DER VERZIERUNG

Pralltriller
Triller (in der Zeit der *Guardia Vieja*)
Glissandi
Vorschläge
Arrastre
Anwendung erweiterter Spieltechniken

TYPES DE FIORITURE

Mordants
Trilles (à l'époque de la *Guardia Vieja*)
Glissandos
Appogiatures
Arrastres
Application de techniques étendues

(17) Siehe Glossar.

(17) Voir glossaire.

PRALLTRILLER

BEI EXPRESSIVEN MELODIEN

Sie werden benutzt, um ein Moment der Melodie oder eine einzelne Note hervorzuheben. Art und Dauer des Pralltrillers sind nicht festgelegt und bleiben dem Interpreten überlassen. Es kann erforderlich werden, die Notenwerte um die verzierte Note herum auszudehnen. Das hat dann Einfluss auf die melodische "Rede".

MORDANTS

DANS LES MÉLODIES EXPRESSIVES

Ils sont utilisés pour mettre en valeur un moment de la mélodie ou une note en particulier. La façon de jouer et la durée du mordant ne sont pas stipulées, laissant ainsi le choix au musicien. Il peut arriver qu'il soit nécessaire d'allonger la durée de la note qui précède ou suit la note concernée par la fioriture et que cela modifie le discours mélodique.

TRACK 43

SOLEDAD
C. GARDEL,
A. LE PERA

Schreibweise
Notation

Wirkung
Effet

BEI RHYTHMISCHEN MELODIEN

Sie werden akzentuierten Noten hinzugefügt.
Die *Guardia Vieja* spielte den Praller als Triole. Im Verlauf der Tangogeschichte änderte sich jedoch die Ausführung. Heute wird er geschlossener gespielt und ist etwa nach dem Laut "tra" gedacht, die verzierte Hauptnote gut akzentuierend. Klavier oder Gitarre beispielsweise spielen beide Noten oft auch zusammen (die Haupt- und die obere Nebennote, oder eine andere im Halbtonabstand). Das erbringt die berühmten Tango-"Cluster".

DANS LES MÉLODIES RYTHMIQUES

Ils s'ajoutent sur les notes accentuées. À l'époque de la *Guardia Vieja*, le mordant se jouait comme un triolet. Au cours de l'histoire du tango, la façon de jouer le mordant s'est transformée. Actuellement, il se joue plus serré. Le mordant doit être joué en pensant à l'onomatopée « tra » et en accentuant fortement la note concernée. Au piano ou à la guitare, par exemple, les deux notes (la note principale et la note supérieure, ou une autre un demi-ton plus haut) sont souvent jouées ensemble, produisant ainsi les fameux "clusters" du tango.

TRACK 44

RACING CLUB
V. GRECO,
E. TEMES

ORIGINAL

TRACK 45

AUSFÜHRUNG IN DER *GUARDIA VIEJA*
INTERPRÉTATION *GUARDIA VIEJA*

TRACK 46

HEUTIGE SPIELWEISE
INTERPRÉTATION ACTUELLE

GLISSANDI

Im Notentext finden wir normalerweise nur das Glissando-Zeichen zwischen zwei Noten. Als Interpreten haben wir dann zu entscheiden, wie wir das Glissando ausführen.
Dabei hängt im konkreten Fall die Wahl eines Glissando-Typs von der Größe des Intervalls wie von der für die Ausführung zur Verfügung stehenden Zeit ab.
Bei sehr großen Intervallen beginnt und endet man das Glissando am besten chromatisch. Dazwischen wird mit der diatonischen Skala der jeweiligen Tonart komplettiert. Liegt ein alterierter Akkord zugrunde, so ist besser die zugehörige Skala (Modus) zu verwenden. Ein Glissando kann sein:

- chromatisch
- diatonisch
- gemischt (diatonisch-chromatisch)

GLISSANDOS

Normalement, seul le symbole du glissando est écrit entre deux notes. C'est au musicien de choisir quel type de glissando il jouera.
A ce sujet, ce choix dépendra de l'ampleur de l'intervalle et du temps disponible pour le jouer.
S'il s'agit d'un intervalle très long, le mieux est d'utiliser des chromatismes en partant de la note d'origine et en arrivant à la note finale. Entre chacune de ces notes, compléter avec la gamme diatonique de la tonalité. Si nous jouons sur une harmonie modifiée, il vaut mieux utiliser la gamme appropriée.
Le glissando peut être :

- chromatique ;
- diatonique ;
- mixte (diatonique et chromatique)

TRACK 47

SOLEDAD
C. GARDEL,
A. LE PERA

CHROMATISCH
CHROMATIQUE

Notation Écriture — **Wirkung** Effet

TRACK 48

RACING CLUB
V. GRECO,
E. TEMES

DIATONISCH
DIATONIQUE

Notation Écriture — **Wirkung** Effet

TRACK 49

RACING CLUB
V. GRECO,
E. TEMES

GEMISCHT
MIXTE

Notation Écriture — **Wirkung** Effet

Bei allen Glissando-Arten kann der Rhythmus konstant bleiben oder auch nicht (accelerando oder rallentando). Das hängt vom Tempo der Begleitung bzw. dem jeweiligen Stil ab.

Dans tous les types de glissando, le rythme peut être régulier ou irrégulier (accelerando ou rallentando) selon le tempo de l'accompagnement et le style.

WANN BEGINNT DAS GLISSANDO, WENN WIR BEI EINER LANGEN NOTE STARTEN?

Die Verbindung über das Glissando erfolgt im letzten Moment, auch wenn wir von einer Ganzen Note ausgehen. Das Glissando wirkt sozusagen wie ein "Schubs", um zur Note auf der starken Zählzeit zu kommen.

QUAND COMMENCER LE GLISSANDO EN SORTANT D'UNE NOTE LONGUE.

Même si la dernière note est une ronde, le glissando doit être commencé au dernier moment : le glissando joue alors le rôle d'« élan » qui nous permet d'atteindre la note sur un temps fort.

TRACK 50

RACING CLUB
V. GRECO,
E. TEMES

Notation
Écriture

Wirkung
Effet

TANGOTYPISCHE GLISSANDI

Spielen wir im Tango ein Glissando, so ist an die Violine zu denken. Sie hat keine Bünde und kann daher vollkommen glissando spielen, ohne eine Separierung in Halbtöne.
Da dies auf der Flöte unmöglich ist (bzw. bei großen Intervallen oder bei schneller Ausführung nur sehr eingeschränkt), müssen wir unseren Einfallsreichtum benutzen, um den Effekt mit den uns zur Verfügung stehenden Mitteln zu imitieren.
Erlaubt es das gegebene Tempo (oder betrifft das Glissando ein kleines Intervall), können wir den normalen Halbtönen Intonationsänderungen sowie ein teilweises Öffnen der Klappen hinzufügen, um so ein vollständiges Glissando zu erzielen.

LES GLISSANDOS TANGUEROS

Quand nous réalisons un glissando dans un tango, l'instrument de référence est le violon. Comme il n'a pas de sons tempérés, il peut réaliser des glissandos complets, sans tenir compte de la division en demi-tons.
Ceci étant impossible pour la flûte (ou très limité avec de grands intervalles ou à un tempo soutenu), il faut faire preuve d'imagination pour imiter l'effet du violon avec les éléments à notre disposition.
Dans les cas où la vitesse le permet (ou quand il s'agit d'un glissando d'un petit intervalle), il est possible d'ajouter aux demi-tons normaux le changement d'intonation des sons et l'ouverture partielle des clés afin d'obtenir un glissando complet.

PORTAMENTO

Im Falle kleiner oder großer Sekunden können Verbindungen zwischen den beiden Tönen als komplettes Glissando ausgeführt werden. Das erreicht man, indem man die Klappenlöcher teilweise leicht öffnet (nur bei Flöten mit Ringklappen möglich) und dabei die Flöte bewegt ("*Bending*"-Effekt). So geht man durch alle Mikrotöne zwischen den zu verbindenden Tonstufen.[18]

PORTAMENTO

En présence de secondes mineures ou majeures, le glissando complet peut être réalisé entre un son et l'autre. Il faut pour ce faire découvrir légèrement une partie des orifices des clés (uniquement pour les flûtes avec des clés ouvertes) et en bougeant la flûte (effet *bending*) pour passer par tous les quarts de ton entre les intervalles à relier.[18]

TRACK 51

FALSCHES GLISSANDO

An eine lange Note, die akzentuiert und anschließend an keinen anderen Ton gebunden ist, kann eine Absenkung der Tonhöhe im Viertel- oder Halbtonumfang angeschlossen werden, um den Effekt des "Abnehmens" ("*decay*") zu verstärken.

FAUX GLISSANDO

En partant d'une note longue accentuée et non liée à un autre son, il est possible de baisser la hauteur de la note d'un quart ou d'un demi-ton pour renforcer l'effet de « déclin » (effet *decay*).

TRACK 52

VERANO PORTEÑO
A. PIAZZOLLA

LANGES HERUNTERGLEITEN

Haben die Violinen eine lange Note – wie im vorliegenden Beispiel – gleiten sie normalerweise langsam auf den Saiten nach unten (auch nach oben, aber das ist bei der Flöte seltener). Man nimmt also den Wert der Note und beginnt, nachdem sie über die Hälfte ihres Wertes gehalten wurde, das Glissando. Der langen Note kann vor Beginn des Glissando noch ein "*decay*" (Absenkung der Tonhöhe) hinzugefügt werden.

DESCENTE LONGUE

D'habitude, quand les cordes jouent une note longue - comme dans cet exemple -, elles réalisent lentement un glissement vers le grave (également vers l'aigu, mais cela est plus rare dans le cas de la flûte). Donc on joue la hauteur de la note et après l'avoir soutenue pendant la moitié de sa durée, on réalise un glissando. Il est également possible d'ajouter un *decay*, (une baisse de la hauteur de la note) sur une note longue avant de procéder au glissando.

TRACK 53

ADIÓS NONINO
A. PIAZZOLLA

Notation
Écriture

Wirkung
Effet

(18) Siehe auch das Kapitel zur "Verwendung erweiterter Spieltechniken im Tango", S. 94.

(18) Voir également la section «Techniques étendues appliquées au tango», page 94

WIE DAS KLINGEN KÖNNTE

Man führt während des Heruntergleitens ein Decrescendo aus und endet mit einer Ankunftsnote oder auch ohne (der Abschluss ist dann ein sich verlierender Ton). Das Ergebnis könnte etwa so aussehen:

QUE POURRAIT ÊTRE L'EFFET PRODUIT

On régule le decrescendo jusqu'à la note finale - ou sans elle (dans ce cas, en terminant avec un évanouissement du son). L'effet produit serait plus ou moins celui-ci :

ADIÓS NONINO
A. PIAZZOLLA

Bei einigen der im Buch enthaltenen Etüden und Werke sind Glissandi im Arrangement notiert. Jetzt bist du an der Reihe und musst entdecken, wie sie am besten zu spielen sind.

Plusieurs des études et œuvres incluses dans ce livre comportent des glissandos dans leurs arrangements. C'est maintenant à vous de découvrir quelle est la meilleure façon de les réaliser.

ARRASTRES

Arrastre nennen wir den Effekt, der dadurch erzielt wird, dass als Vorwegnahme eine Note oder ein Akkord mit unbestimmter Tonhöhe und Dauer erklingen, die mit dem Erreichen der Tonhöhe und Dauer der notierten Note abrupt enden. Der Effekt ruft ein besonderes Empfinden des rhythmischen Fortgangs in Melodie und Harmonie hervor – da der präzisen "Grenze" der Artikulationen eine Vorwegnahme mit unbestimmten Rändern beigefügt wird. Im Allgemeinen wird das *Arrastre*, je nach Instrument, als eine Kombination aus Glissandi, Akkorden, Clustern oder aufsteigender Chromatik gespielt, mit einem leichten Crescendo.
Das *Arrastre* wendet man in aller Regel vor akzentuierten Tönen in rhythmischen Melodien an, bevorzugt bei vorausgehender Pause. Es beginnt eine halbe oder eine ganze Zählzeit vor dem Ankunftspunkt.

ARRASTRES

Il s'agit d'un effet créé en jouant d'avance une note ou un accord avec des sons d'une hauteur et d'une durée indéterminées qui se terminent brusquement quand ils atteignent la hauteur et la durée de la note écrite. Cet effet produit une sensation particulière dans la marche rythmique tant de la mélodie que de l'harmonie. En effet, on joue par anticipation une note aux limites indéfinies qui s'ajoute au « contour » précis des articulations. Elles se jouent habituellement, et selon l'instrument, en combinant glissandos, accords, *clusters* ou des chromatismes ascendants, avec une nuance crescendo.
Elles s'utilisent généralement dans des mélodies rythmiques, précédent des notes accentuées qui elles-mêmes suivent de préférence un silence.
L'*arrastre* peut commencer un demi-temps ou un temps avant la note d'arrivée.

TRACK 54
COMME IL FAUT
E. AROLAS

Notation
Écriture

Wirkung
Effet

Zur Erzeugung des Klangeffekts *Arrastre* (sehr typisch für die Streicher) können wir mit verschiedenen Arten der Tonproduktion experimentieren:

- Man beginnt das Anblasen 1/2 oder 1 Zählzeit vor dem akzentuierten Ton (ohne Anstoß).
- Man fängt im pp an und steigert das Volumen beständig, bis zum abschließenden "Explodieren" in der akzentuierten Note.
- Die Ausgangsnote wird um 1/4 Ton tiefer angesetzt und steigt dann ständig bis zur Erreichung des Ankunftstones.
- Beim *Arrastre* ist auch das "Anschneiden der Töne" einsetzbar.[19]

Pour produire l'effet sonore de cet arrastre (très typique des cordes), nous pouvons essayer différentes méthodes :

- En commençant à souffler un demi-temps ou un temps avant de jouer la note accentuée (sans attaque).
- En commençant pp et en augmentant progressivement le volume pour finir « en explosant » sur la note accentuée.
- En prenant la note d'origine un quart de ton plus bas que la hauteur finale, et en augmentant progressivement la hauteur pour arriver au son d'arrivée.
- On peut également appliquer le « son acéré » à ces *arrastres*.[19]

ARRASTRE GLISSADO

Diesen Effekt nutzt man in expressiven Melodien zur Hervorhebung des Erreichens einer Note, der eine Pause vorausgeht.
Man kann in jeder (hier einer höheren) geeigneten Note (höre auf die Harmonie) beginnen, um dann mit der bezeichneten chromatischen Skala in der Hauptnote anzukommen.
Da die erzielte Wirkung sehr der eines *Arrastre* ähnelt, spricht man bei diesem Effekt vom *Arrastre glissado* ("gleitendes *Arrastre*" oder "*Arrastre* mit Glissando").

ARRASTRE GLISSADO

Cette technique est utilisée pour accentuer l'arrivée d'une note précédée d'un silence dans les mélodies expressives.
Elle peut s'effectuer à partir de n'importe quelle note (dans ce cas, supérieure) qui cadre bien (écouter l'harmonie) pour arriver à la note indiquée au moyen d'une gamme chromatique.
Cet effet est appelé *arrastre glissado* (« *arrastre* avec glissando » ou « *arrastre* glissé ») parce que le résultat est très proche de l'effet de l'*arrastre* .

TRACK 55
SOLEDAD
C. GARDEL,
A. LE PERA

Notation
Écriture

Wirkung
Effet

[19] Siehe das Kapitel zur "Verwendung erweiterter Spieltechniken im Tango", S. 94.

[19] Voir chapitre « Techniques étendues appliquées au tango», page 94.

VORSCHLÄGE

Sie werden in rhythmischen Melodien zur Verstärkung der Akzente eingesetzt und sind daher akzentuierten Noten beigefügt. Sehen wir uns zu jedem Typ ein Beispiel an (von oben, von unten, einfach und mehrfach).

EINFACHER VORSCHLAG

Hier wird nur eine Note hinzugefügt. Sie kann sowohl höher als auch tiefer liegen.

VORSCHLAG VON OBEN

Man verwendet Sekunden, wobei die diatonische Note der Tonart beachtet wird. Er kann auch mit der Oktave gespielt werden (auf dem Bandoneon sehr verbreitet), vor allem, wenn die Note die erste einer Phrase ist (oder aber eine Pause vorausgeht).

APPOGIATURES

Elles sont utilisées dans les mélodies rythmiques pour renforcer les accents et elles s'ajoutent donc dans les notes accentuées. Voyons leur utilisation et des exemples de chaque type (supérieure, inférieure, simple et multiple).

APPOGIATURE SIMPLE

Une seule note est ajoutée. Elle peut être supérieure ou inférieure.

APPOGIATURE SUPÉRIEURE

Elle est utilisée avec des secondes, en respectant la note diatonique de la tonalité, également avec des octaves (technique très utilisée au bandonéon), particulièrement quand la note est la première d'une phrase (ou est précédée d'un silence).

TRACK 56

RACING CLUB
V. GRECO,
E. TEMES

VORSCHLAG VON UNTEN

Normalerweise ein Halbton, aber es ist darauf zu hören, wie er sich mit der Harmonie verträgt. Je nach resultierendem Ton klingt es sonst mehr nach Jazz denn nach Tango (das nächste Notenbeispiel zeigt Vorschläge im Halbtonabstand).

APPOGIATURE INFÉRIEURE

Normalement d'un demi-ton, mais il faut écouter l'ensemble harmonique car le résultat peut être plus proche du jazz que du tango (le prochain exemple en est la preuve).

TRACK 57

GRAN HOTEL VICTORIA
F. LATASA, C. PESCE

MEHRFACHER VORSCHLAG

Mehrere Vorschlagsnoten folgen aufeinander. Sie können sein:

- diatonisch
- chromatisch
- diatonisch und am Ende chromatisch.

Beispiel eines mehrfachen diatonischen Vorschlags:

APPOGIATURE MULTIPLE

Plusieurs appogiatures se suivent, qui peuvent être :

- diatoniques
- chromatiques
- diatoniques + chromatiques à la fin

Un exemple d'appogiature multiple diatonique :

TRACK 58

EL PORTEÑITO
Á. VILLOLDO

Das gleiche Beispiel, diesmal jedoch mit einem chromatischen mehrfachen Vorschlag:

Le même exemple mais cette fois avec une appogiature multiple chromatique :

TRACK 59

EL PORTEÑITO
Á. VILLOLDO

TRILLER

Triller benutzt man hauptsächlich in *Milongas* zur "Färbung" von Vierteln oder Noten mit noch größeren Werten. Die *Guardia Vieja* spielte Triller immer schnell und in gleichbleibendem Rhythmus. Heute wird die Geschwindigkeit meist variiert, indem man zuerst die Anfangsnote zeigt und dann ein accelerando spielt, bis die normale Geschwindigkeit des Trillers erreicht ist.

TRILLES

Les trilles sont utilisés surtout dans les *milongas* pour apporter une touche de couleur aux notes d'une durée d'une noire ou supérieure à la noire. Dans la *Guardia Vieja*, les trilles étaient joués au même rythme, toujours rapide. Aujourd'hui, il est courant de changer la rapidité du trille, en commençant par montrer la note de départ et en accélérant ensuite pour atteindre la vitesse normale du trille.

TRACK 60

EL PORTEÑITO
Á. VILLOLDO

Notation
Écriture

Wirkung
Effet

DOPPELSCHLÄGE

Doppelschläge können bei jeder Note stehen und wie eine Verzierung gespielt werden. Sie sind aber auch so ausführbar, dass sie schließlich wie eine Folge von Hauptnoten erscheinen.

GRUPPETTI

Ils peuvent porter sur toutes les notes et être joués comme une fioriture. Un gruppetto aussi peut être joué de telle façon qu'on ait l'impression à l'écoute qu'il s'agit d'une succession de notes réelles.

TRACK 61

ADIÓS NONINO
A. PIAZZOLLA

Notation Écriture

Wirkung Effet

ETÜDE 1 • MIT VERZIERUNGEN
ÉTUDE 1 • AVEC FIORITURES

MUSIK MUSIQUE
PAULINA FAIN

ANHÖREN **POUR ÉCOUTER** TRACK 14
MITSPIELEN **POUR JOUER** TRACK 15

ETÜDE 1 - MIT VERZIERUNGEN

HÖRE DIR AUF DER CD 2 ETÜDE 1 - MIT VERZIERUNGEN **AN. DU WIRST MERKEN, ES IST WEITERHIN DIE MELODIE DER** ETÜDE 1, **JEDOCH MIT HINZUGEFÜGTEN VERZIERUNGEN.**

UNTERSCHEIDE DIE RHYTHMISCHEN UND EXPRESSIVEN PASSAGEN.

SPIELE DIE ETÜDE UND KONZENTRIERE DICH AUF DIE IN DIESEM KAPITEL VORGESTELLTEN ARTEN DER AUSFÜHRUNG VON VERZIERUNGEN.

ÉTUDE 1 - AVEC FIORITURES

ÉCOUTEZ L'ÉTUDE 1 - AVEC FIORITURES **SUR LE CD 2.** VOUS ALLEZ REMARQUER QU'IL S'AGIT DE LA MÊME MÉLODIE QUE L'ÉTUDE 1 MAIS QUE DES FIORITURES S'Y SONT AJOUTÉES.

RECONNAISSEZ LES PARTIES RYTHMIQUES ET LES PARTIES EXPRESSIVES.

JOUEZ CETTE ÉTUDE EN INSISTANT SUR CHAQUE FAÇON DE JOUER LES FIORITURES EXPLIQUÉE DANS CE CHAPITRE.

SEITE PAGE 80

ETÜDE 6 - VERZIERUNGEN ERGÄNZEN

SPIELE ETÜDE 6 **MIT DER ORIGINALMELODIE.**

SCHAU DIR IN DER VERZIERTEN MELODIE AN, WELCHE VERZIERUNGEN HINZUGEFÜGT SIND UND HÖRE DAS STÜCK AUF DER CD 2.

SPIELE DIE VERZIERTE MELODIE ZUSAMMEN MIT DER BEGLEITUNG AUF DER CD.

ÉTUDE 6 - INSÉRER DES FIORITURES

JOUER LA MÉLODIE D'ORIGINE DE L'ÉTUDE 6.

SUR LA PARTITION AVEC FIORITURES, RECONNAÎTRE QUELLES FIORITURES ONT ÉTÉ AJOUTÉES ET ÉCOUTER LE MORCEAU SUR LE CD 2.

JOUER LA MÉLODIE AVEC LES FIORITURES AVEC L'ACCOMPAGNEMENT SUR LE CD.

ETÜDE 6 • VERZIERUNGEN ERGÄNZEN
ÉTUDE 6 • INSÉRER DES FIORITURES

MUSIK MUSIQUE
PAULINA FAIN

ANHÖREN **POUR ÉCOUTER** TRACK 16
MITSPIELEN **POUR JOUER** TRACK 17

ORIGINALE MELODIE
MÉLODIE ORIGINALE

MELODIE MIT VERZIERUNGEN
MÉLODIE AVEC FIORITURES

ÜBUNG 41 VERZIERUNGEN HINZUFÜGEN
MALENA
NARANJO EN FLOR
EL DÍA QUE ME QUIERAS
POR UNA CABEZA

HÖRE DIR AUFNAHMEN DER EMPFOHLENEN ORCHESTER AN (S. 113) UND ACHTE VERSTÄRKT AUF DIE VERWENDUNG VON VERZIERUNGEN (WIE WERDEN SIE GESPIELT? WELCHE BEDEUTUNG HABEN SIE IM MELODISCHEN KONTEXT?).

HÖRE DIR VON ASTOR PIAZZOLLA AUFGENOMMENE VERSIONEN ZU ADIÓS NONINO **AN UND TRANSKRIBIERE DIE IM THEMA B (DAS EXPRESSIVE) VERWENDETEN VERZIERUNGEN.**

NIMM DIE MELODIEN DER BEIGEGEBENEN TRADITIONELLEN TANGOS UND FÜGE VERZIERUNGEN EIN. BEACHTE DABEI: VERZIERUNGEN SOLLEN EINE MUSIKALISCHE IDEE UNTERSTÜTZEN.

SETZE VERZIERUNGEN NICHT UM IHRER SELBST WILLEN. ES MUSS IMMER ZUALLERERST KLAR SEIN, WELCHE STELLE DER PHRASE DURCH DIE INTERPRETATION UND DAS *FRASEO* HERAUSGESTELLT WERDEN SOLL.

EXERCICE 41 AJOUTER DES FIORITURES
MALENA
NARANJO EN FLOR
EL DÍA QUE ME QUIERAS
POR UNA CABEZA

ÉCOUTEZ LES ENREGISTREMENTS DES ORCHESTRES RECOMMANDÉS (PAGE 113) EN ACCORDANT UNE ATTENTION TOUTE PARTICULIÈRE À L'UTILISATION DES FIORITURES (À LA FAÇON DE LES JOUER ET À LEUR IMPORTANCE DANS LE DISCOURS).

ÉCOUTEZ LES VERSIONS AUDIO DE ADIÓS NONINO JOUÉES PAR ASTOR PIAZZOLLA ET NOTEZ L'UTILISATION DES FIORITURES DU THÈME B (MÉLODIE EXPRESSIVE).

JOUEZ LES MÉLODIES DES TANGOS TRADITIONNELS RECOMMANDÉS ET ESSAYEZ DE LEUR AJOUTER DES FIORITURES, EN AYANT TOUJOURS À L'ESPRIT QUE LES FIORITURES DOIVENT SERVIR DE SOUTIEN À UNE IDÉE MUSICALE.

N'AJOUTEZ PAS DE FIORITURES À TOUT PRIX. LE PLUS IMPORTANT EST DE SAVOIR CLAIREMENT QUEL EST LE POINT QUE L'ON VEUT METTRE EN VALEUR DANS LA PHRASE PAR L'INTERPRÉTATION ET LE *FRASEO*.

SEITE PAGE **82**

Spiele zum Abschluss des Kapitels den Tango **Por estos tiempos** und setze dabei alle bisher erlernten Gestaltungskonzepte ein.

Denke daran: Du hast die Klaviernoten am Ende des Buches und die Begleitung auf CD 2.

Pour clore le chapitre, je vous propose de jouer le tango **Por estos tiempos**, en lui appliquant tous les concepts que nous avons appris.

N'oubliez pas que la partition pour piano se trouve à la fin du livre et que l'accompagnement est disponible sur le CD 2.

POR ESTOS TIEMPOS
TANGO

MUSIC MUSIQUE
PAULINA FAIN
EXEQUIEL MANTEGA

ANHÖREN POUR ÉCOUTER TRACK 18
MITSPIELEN POUR JOUER TRACK 19

34
p
38
mf
41
p
45
mf
p
48
mp
51
mf
54
57
f
60
p

66
3
mp
mf
71
73
75
77
mp
79

MILONGA
MILONGA

DIE *MILONGA* IST EINE FORM INNERHALB DER TANGOSPRACHE, NOTIERT IM 2/4-TAKT UND MEIST MIT BEWEGTEM TEMPO.

Ihr kennzeichnendes Rhythmus-Muster in der Bass-Figur ist:

Die *Milonga* ist eine ausgesprochen tanzbare Variante und wurde in ihren Anfängen mit der Gaunerwelt assoziiert. Zur Unterscheidung von der *Milonga campera* („ländliche *Milonga*“) nennt man sie auch *Milonga ciudadana* („städtische *Milonga*“) oder *Milonga orillera* („*Milonga* vom Ufer“, gemeint: Buenos Aires).[20]

ARTIKULATION

Die starken Zählzeiten sind zu akzentuieren, wie wenn sie mit einem Marcato-Akzent versehen wären, auch wenn dies nicht in den Noten steht. Das bringt jene Akzentuierung, die es braucht, um die “Tanzbarkeit” der *Milonga* hörbar zu machen (die Tänzer bewegen ihr Körpergewicht auf jedem schweren Taktschlag).
Für Gruppen mit 4 Sechzehnteln gilt:

⦿ Die 4 Noten werden nicht gleichmäßig akzentuiert. Die erste trägt einen Akzent und die übrigen sind nicht als je einzelne zu verstehen. Alle zusammen bilden eine Gruppe, deren Energiezentrum Richtung Erde weist.

⦿ Die Gruppen sind mit weichem Anstoß zu spielen, nach der Art “te - ge - te - ge”, mehr als mit einem “te - ke - te - ke”.

Sehen wir uns als Beispiel die ersten Takte von **El porteñito** (A. Villoldo) an.

LA *MILONGA* EST UN GENRE À PART QUI S'INSCRIT DANS LE LANGAGE DU TANGO. ELLE S'ÉCRIT EN 2/4 ET SON TEMPO EST EN GÉNÉRAL VIF.

Le modèle rythmique caractéristique du jeu des basses est le suivant:

C'est un genre qui se danse très facilement. A l'origine, elle avait des réminiscences picaresques. On l'appelle aussi *milonga ciudadana* (citadine) ou *milonga orillera* (des faubourgs) pour la différencier de la *milonga campera* (de la campagne).[20]

ARTICULATION

Il est fondamental d'accentuer les temps forts comme s'ils portaient un accent marcato, même si la partition ne l'indique pas. Cela donne l'emphase nécessaire pour que ressorte l'effet qui permet de la danser facilement (sur chacune des pulsations de la mesure les danseurs déplacent le poids du corps vers la terre).

Pour les groupes de 4 demi-croches :

⦿ Il ne faut pas accentuer les 4 notes de la même façon: la première est accentuée et les 3 autres ne sont pas différenciées les unes des autres. Au contraire, elles forment un groupe dont l'énergie est portée vers la *tierra*.

⦿ L'attaque doit être douce : plus « té-gé-té-gé » que « té-ké-té-ké ».

Voyons un exemple dans les premières mesures de **El porteñito** d'Ángel Villoldo.

TRACK 62

EL PORTEÑITO
A. VILLOLDO

Übliche Notation
Habituellement écrit

Wirkung
Effet

⑳ Siehe Glossar.

⑳ Voir glossaire.

HALBGEBUNDENE ARTIKULATION

Bei der Artikulation zwischen zwei Tönen im Wert einer ♪ oder mehr ist zu empfehlen – auch wenn die Noten ein *détaché* zeigen –, das halbgebundene Anstoßen zu verwenden (erklärt auf S. 64). Das hilft, den Akzent-Effekt auszudehnen und den charakteristischen Rhythmus der Melodie zu erhalten.

ARTICULATION SEMI-LIÉE

Pour l'articulation entre deux sons de la durée d'une ♪ ou plus, il est recommandable d'utiliser l'attaque semi-liée (expliquée à la page 64), même si la partition indique un *détaché*. En effet, cela permettra d'intensifier l'effet de l'accent et de maintenir intact le caractère rythmique de la mélodie.

TRACK 63

EL PORTEÑITO
A. VILLOLDO

FRASEO

Bei Melodien, die gebunden erscheinen, kann ein dem Tango ähnliches *Fraseo* ausgeführt werden. Man sollte aber beachten, dass in der *Milonga* eine Verwendung des *Fraseo extendido* nicht zu empfehlen ist. Besser kommt man zusammen mit der Harmonie bei der Zählzeit 1 an.

FRASEO

Dans les mélodies qui apparaissent liées, il est possible de réaliser un *fraseo* similaire à celui du tango, mais il faut garder à l'esprit qu'il n'est pas souhaitable d'utiliser un *fraseo extendido* dans une *milonga*. En revanche, il est préférable d'arriver sur le premier temps de la mesure en même temps que l'harmonie.

VERZIERUNGEN

Am gebräuchlichsten sind Praller, Triller und Glissandi. Daneben können Vorschläge und Doppelschläge Verwendung finden. Verziert werden grundsätzlich nur Noten, die hervorgehoben werden sollen.

⦿ **Praller:** Im Allgemeinen zur Hervorhebung akzentuierter Noten verwendet, gespielt auf der starken Zählzeit.
Kann auch in motivischer Weise eingefügt werden, indem man den Praller bei einer Folge von Noten wiederholt.

FIORITURES

Les plus fréquents sont les mordants, les trilles et les glissandos, même si on peut aussi trouver des appogiatures et des gruppetti qui portent toujours sur la note que l'on veut mettre en valeur.

⦿ **Mordant:** Il est utilisé généralement pour mettre en valeur des notes accentuées. Il se joue sur le temps fort.
On peut également l'ajouter de façon motivique en le répétant sur une succession de notes.

TRACK 64

EL PORTEÑITO
A. VILLOLDO

◉ **Triller:** Man kann bei Viertelnoten oder längeren Werten trillern.
Triller werden in gleichbleibendem oder variablem Tempo gespielt.
Man kann sie mit absteigendem Glissando abschließen.

◉ **Trille :** On peut réaliser des trilles sur des notes d'une durée d'une noire ou plus longues.
Le trille peut être effectué à vitesse stable ou variée.
Il peut se terminer par un glissando descendant.

TRACK 65

EL PORTEÑITO
A. VILLOLDO

◉ **Glissando:** Kann zwischen zwei Tönen im Wert einer Achtel oder einer Viertel ausgeführt werden.

◉ **Glissando :** Il peut être joué entre deux tons qui ont la durée d'une croche ou d'une noire.

TRACK 66

EL PORTEÑITO
A. VILLOLDO

» **SEITE** PAGE **88**

Ich stelle hier eine Bearbeitung der berühmten *Milonga* **El porteñito** (Á. Villoldo) für Flöte vor. Alle zuvor angesprochenen Inhalte können darin verwendet werden.

Voici un arrangement pour flûte de la fameuse *milonga* **El porteñito** d' Ángel Villoldo, à laquelle on peut appliquer tous les concepts précédemment cités.

» **SEITE** PAGE **89**

Spiele zum Abschluss des Kapitels meine **Milonga del pibe** und setze alle bisher erworbenen Gestaltungsmöglichkeiten ein.

▶ Denk daran: Du hast die Klaviernoten am Ende des Buches und die Begleitung auf der CD 2.

Pour clore le chapitre, je vous propose de jouer la **Milonga del pibe** que j'ai composée, en lui appliquant tous les concepts que nous avons appris.

▶ N'oubliez pas que la partition pour piano se trouve à la fin du livre et que l'accompagnement est disponible sur le CD 2.

EL PORTEÑITO
MILONGA

MUSIK MUSIQUE
A. VILLOLDO
ARRANGEMENT ARRANGEMENT
P. FAIN

ANHÖREN **POUR ÉCOUTER** TRACK 20
MITSPIELEN **POUR JOUER** TRACK 21

MILONGA DEL PIBE
MILONGA

MUSIK MUSIQUE
PAULINA FAIN

ANHÖREN POUR ÉCOUTE TRACK 22
MITSPIELEN POUR JOUER TRACK 23

VALS
VALS

DER *VALS* ("WALZER"), EINE FORM INNERHALB DES TANGO, WIRD HÄUFIG AUCH *VALS CRIOLLO* ("KREOLISCHER WALZER") GENANNT, UM IHN VON ANDEREN WALZERARTEN IN ANDEREN TEILEN DER WELT ZU UNTERSCHEIDEN.

Geschrieben ist er im 3/4-Takt und die Akzentuierung betont die Zählzeit 1 jeden Taktes. Dieses Taktschema lässt die "Tanzbarkeit" der Form hörbar werden. Beim *Vals* bewegen die Tänzer ihr Körpergewicht grundsätzlich auf jeder 1. Zählzeit.

LE *VALS* EST UN GENRE À PART DANS LE TANGO, APPELÉ AUSSI *VALS CRIOLLO* (VALSE CRÉOLE) POUR LE DISTINGUER D'AUTRES TYPES DE VALSES EXÉCUTÉES DANS D'AUTRES RÉGIONS DU MONDE.

Il s'écrit dans des mesures en ¾ et le premier temps de chaque mesure est accentué. Cet accent permet de faire du *vals* un genre facilement « dansable » : dans le *vals*, les danseurs déplacent le poids du corps essentiellement sur chaque premier temps de la mesure.

In der Regel markiert der Bass die 1. Zählzeit, die Begleitakkorde erscheinen als Betonung der Zählzeiten 2 und 3.

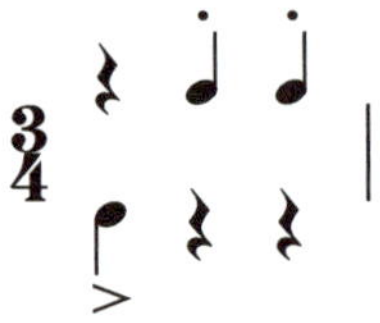

La basse accentue toujours le premier temps et les accords portent sur les temps 2 et 3.

ARTIKULATIONEN

Zu akzentuieren sind unbedingt die starken Zählzeiten. In jedem Takt ist also ein Akzent auf der 1. Zählzeit zu setzen, auch wenn es nicht in den Noten steht.
Wenn eine expressive Melodie vorliegt:

⦿ Der Akzent auf jeder 1. Zählzeit eines Taktes sollte portato gedacht werden.

⦿ Bindungen sollten schön weit gespielt werden, nach Möglichkeit die ganze Phrase umgreifen, mit vollem Ton, um sich gegen die rhythmische Markierung abzuheben.

⦿ Das *Fraseo* darf verwendet werden.

ARTICULATIONS

Il est important d'accentuer les temps forts, en réalisant un accent sur le premier temps de chaque mesure, même si la partition ne l'indique pas.
Si la mélodie est expressive :

⦿ Il est souhaitable de penser l'accent sur le premier temps de la mesure comme un portato.

⦿ Les liaisons doivent être jouées très ouvertes, si possible en englobant toute la phrase par un son puissant, qui se détache du marquage rythmique.

⦿ L'utilisation du *fraseo* est possible.

TRACK 67

LA EMBRUJADA
P. FAIN

Wenn eine rhythmische Melodie vorliegt:

⦿ Der Akzent auf jeder 1. Zählzeit eines Taktes sollte marcato gedacht werden.

⦿ Akzente und Bindungen zur Hervorhebung der 1. Zählzeit im Takt können hinzugefügt werden.

⦿ Sequenzen oder Variationen von Achteln sind ausgesprochen üblich. Spielt man die als *détaché* geschriebenen Noten staccato, so unterstützt das den rhythmischen Fortgang.

Si la mélodie est rythmique :

⦿ Il est souhaitable de penser l'accent sur chaque premier temps de la mesure comme un marcato.

⦿ Il est possible d'ajouter des accents et des liaisons qui mettent en valeur le premier temps de chaque mesure.

⦿ Des séquences ou variations de noires sont extrêmement courantes. Jouer staccato les notes écrites *détaché*, aide à la progression du discours rythmique.

TRACK 68

LA EMBRUJADA
P. FAIN

VERZIERUNGEN

Die gebräuchlichsten sind Praller, Triller und Glissandi. Man verwendet auch Vorschläge und Doppelschläge, allerdings weniger häufig.

⦿ **Praller:** Verwendet bei starken Zählzeiten bzw. Noten mit Akzent.

⦿ **Triller:** Um lange Noten farbiger zu gestalten und Töne mit langen Werten herauszuheben (siehe Takt 2 des vorhergehenden Beispiels).

⦿ **Glissandi:** In expressiven Phrasen in gleicher Art verwendet wie im Tango.

FIORITURES

Les plus fréquentes sont les mordants, les trilles et les glissandos. On retrouve également les appogiatures et les gruppetti mais plus rarement.

⦿ **Mordant :** il porte sur les temps forts ou sur les notes accentuées.

⦿ **Trille :** pour apporter de la couleur aux notes longues et pour intensifier les sons de longue durée (mesure 2 de l'exemple précédent).

⦿ **Glissando :** Il est également utilisé dans les phrases expressives de la même façon que dans le tango.

» **SEITE** PAGE **92**

Spiele zum Abschluss des Kapitels meinen Vals **La Embrujada** und wende dabei alles Erlernte an.

▶ Denk daran: Du hast die Klaviernoten am Ende des Buches und die Begleitung auf der CD 2.

Pour clore le chapitre, je vous propose de jouer le vals intitulé **La Embrujada**, que j'ai composé, en appliquant tous les concepts que nous avons appris.

▶ Souvenez-vous que la partition pour piano se trouve à la fin du livre et que l'accompagnement est disponible sur le CD 2.

LA EMBRUJADA
VALS

MUSIK MUSIQUE
PAULINA FAIN

ANHÖREN POUR ÉCOUTER TRACK 24
MITSPIELEN POUR JOUER TRACK 25

Allegro (♩= c. 200)
accel.

DIE VERWENDUNG ERWEITERTER SPIELTECHNIKEN IM TANGO

TECHNIQUES ÉTENDUES APPLIQUÉES AU TANGO

WIR KÖNNEN SAGEN, DASS HEUTE FAST ALLE FLÖTISTEN EINIGE DER SO GENANNTEN "ERWEITERTEN" SPIELTECHNIKEN KENNEN UND IHRE AUSFÜHRUNG BEHERRSCHEN.

Dieses Buch enthält nur eine Beschreibung dieser Effekte selbst sowie ihres Gebrauchs im Tango. Für ein eingehendes Studium der einzelnen Spieltechniken sind andernorts sehr gute Lehrwerke verfügbar.[21]
Es sei betont, dass alle diese Spieltechniken sowohl im traditionellen Tango Verwendung finden können wie auch in den expressiven Melodien der Musik Astor Piazzollas und in neu entstehenden Tango-Kompositionen.

Ich verwende im Tango-Spiel im Allgemeinen die folgenden Spieltechniken:

- Obertöne (Flageolets)
- Änderungen der Intonation
- gesungene Töne
- perkussive Klänge
- angeschnittene Töne (*Arrastre*)
- Slap Tongue (falsches Pizzicato)

(21) Flötisten, denen die erweiterten Spieltechniken noch nicht vertraut sind, empfehle ich vor allem das Buch von Robert Dick: **Tone development through extended techniques**, das viele dieser Techniken detailliert beschreibt.

DE NOS JOURS, PRATIQUEMENT TOUS LES FLÛTISTES CONNAISSENT DIFFÉRENTES TECHNIQUES DITES « ÉTENDUES » ET LA FAÇON DE LES UTILISER.

Dans ce livre, il sera uniquement fait mention de leurs effets et de leur utilisation dans le tango. Il existe en effet des ouvrages parfaits pour étudier en profondeur chacune de ces techniques.[21]
Il est important d'avoir à l'esprit que toutes les techniques peuvent être aussi bien utilisées dans le tango traditionnel que dans les mélodies expressives d'Astor Piazzolla ou encore dans les compositions de tango les plus récentes.

Pour le tango, les techniques que j'emploie habituellement sont :

- harmoniques
- changements d'intonation
- sons chantés
- sons percutés
- sons acérés (*arrastres*)
- slap tongue (faux pizzicato)

(21) Pour les flûtistes qui ne sont pas encore familiarisés avec les techniques étendues, je leur recommande principalement le livre de Robert Dick intitulé **Tone development through extended techniques**, dans lequel la plupart de ces techniques sont détaillées.

OBERTÖNE

ZUR TECHNIK

Greift man die Töne der tiefsten Oktave der Flöte und bläst an, wie wenn man höhere Töne spielen würde (durch Änderung der Anblasstellung), erhält man die Töne der natürlichen Obertonreihe des gegriffenen Grundtons.

HARMONIQUES

FICHE TECHNIQUE

En jouant les doigtés de l'octave la plus grave de la flûte et en soufflant comme s'il s'agissait de sons plus aigus (en changeant la position du souffle), on obtient des sons qui appartiennent à la série d'harmoniques naturels de cette note fondamentale.

Die grundlegende Obertonreihe
Série de base des harmoniques:

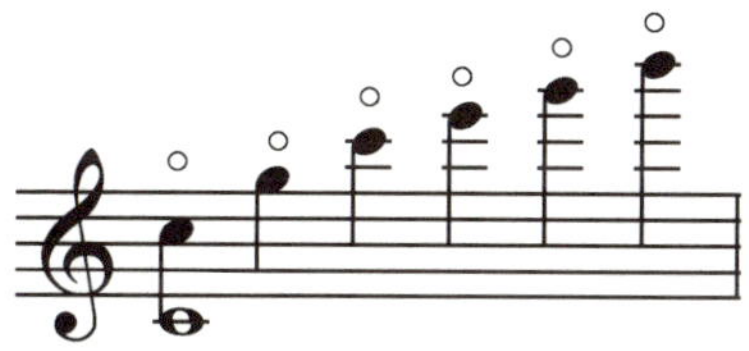

Notation
Notation

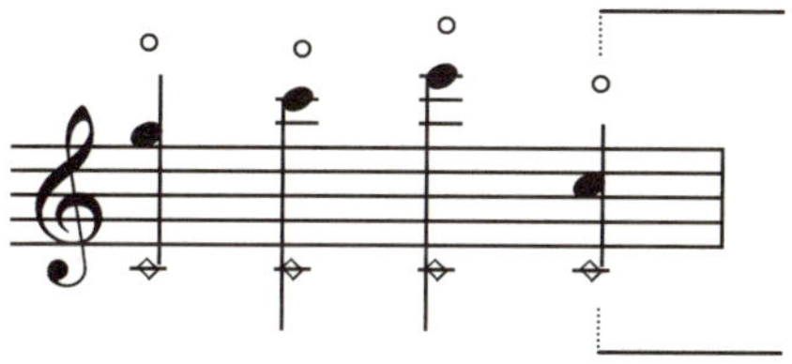

Klang
Son

Griff
Doigté

Beispiel
Exemple

TRACK 69

LA EMBRUJADA
P. FAIN

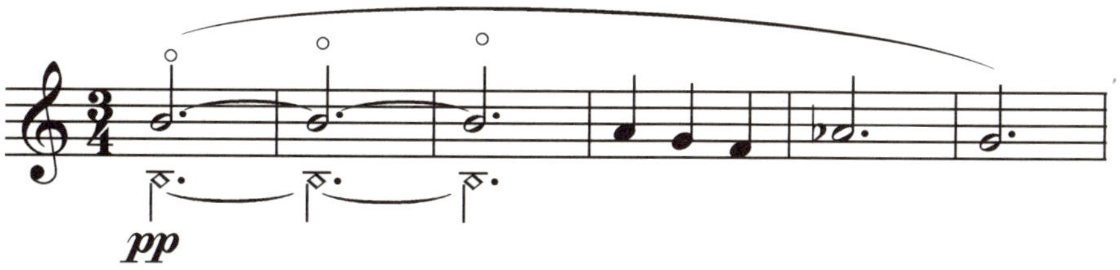

VERWENDUNG IM TANGO

- Um einer Phrase eine geheimnisvolle Klangfarbe zu geben.
- Für eine Phrase mit Pianissimo-Charakter.

Umso weiter der gegriffene Ton von dem Oberton entfernt ist, den wir erklingen lassen, umso mehr Spannung hört man in der Musik.
Ich empfehle, für denselben Klang verschiedene Griffe zu probieren, bevor man sich für einen entscheidet.
Man kann auch normale Töne und harmonische Partialtöne ineinanderfügen und mit diesem Wechsel des Timbres spielen.

LEUR UTILISATION DANS LE TANGO

- Pour apporter une touche de mystère à la phrase
- Pour une phrase jouée pianissimo.

Plus la fondamentale sera éloignée du son harmonique que nous allons jouer, plus la tension se fera sentir dans la musique.
Je vous recommande d'essayer différentes fondamentales pour un même son avant de faire votre choix.
On peut aussi mêler des sons normaux à des sons partiels et jouer avec ce changement de sonorité.

ÜBUNG 42 OBERTÖNE

NIMM EINE EINFACHE SINGBARE MELODIE (Z.B. EL DÍA QUE ME QUIERAS**) UND FÜHRE SIE MIT EINER MISCHUNG AUS NORMALEN UND OBERTÖNEN AUS.**

ANSCHLIESSEND SPIELE SIE DANN NUR MIT OBERTÖNEN. DU KANNST AUCH DAMIT SPIELEN, BEI DER WIEDERHOLUNG EINES TONES DEN GEGRIFFENEN GRUNDTON ZU WECHSELN... SEHR INTERESSANT!

EXERCICE 42 HARMONIQUES

CHOISISSEZ UNE MÉLODIE SIMPLE ET FACILEMENT CHANTABLE (PAR EXEMPLE EL DÍA QUE ME QUIERAS**), ET JOUEZ-LA EN MÉLANGEANT SONS RÉELS ET SONS HARMONIQUES.**

ENSUITE, JOUEZ-LÀ UNIQUEMENT AVEC DES SONS HARMONIQUES. IL EST ÉGALEMENT POSSIBLE DE LA JOUER EN RÉPÉTANT UN MÊME SON MAIS EN CHANGEANT LA FONDAMENTALE CHOISIE... EXERCICE TRÈS INTÉRESSANT.

ÄNDERUNGEN DER INTONATION

ZUR TECHNIK

Mit dieser Technik verändert man die Intonation eines Tones nach oben oder unten. Das wird erreicht, indem man:

⦿ den Unterkiefer vor oder zurück bewegt;

⦿ die Flöte nach außen oder nach innen dreht;

⦿ den Kopf nach oben oder unten bewegt;

⦿ jede Bewegung kann allein oder in Kombination mit den anderen ausgeführt werden;

⦿ oder indem man die Tonlöcher der Klappen ein wenig öffnet (nur bei Flöten mit Ringklappen möglich).

CHANGEMENTS D'INTONATION

FICHE TECHNIQUE

Cette technique peut être utilisée pour faire monter ou descendre la hauteur d'un son. Il faut pour ce faire :

⦿ bouger la mâchoire vers l'avant et vers l'arrière ;

⦿ faire tourner la flûte vers l'extérieur et vers l'intérieur ;

⦿ bouger la tête vers le haut et vers le bas ;

⦿ chaque mouvement peut être fait de façon isolée ou associé à un autre ;

⦿ découvrir lentement les orifices des clés (cette technique n'est possible que sur les flûtes aux clés ouvertes).

Notation
Notation

1 DER TON BEGINNT NORMAL, DANN GEHT ER NACH OBEN, UM ANSCHLIESSEND SOFORT WIEDER ZUR NORMALEN TONHÖHE ZURÜCKZUKEHREN. (HIER WIRD DAS ZIEHEN DER SAITE AUF EINER ELEKTROGITARRE IMITIERT.)

1 LE SON COMMENCE NORMALEMENT, PUIS ON MONTE SA HAUTEUR POUR REVENIR RAPIDEMENT À SON INTONATION NORMALE (EN IMITANT AINSI L'ÉTIREMENT DE LA CORDE D'UNE GUITARE ÉLECTRIQUE).

2 WIE OBEN, ALLERDINGS WIRD DIE INTONATION ZUERST NACH UNTEN BEWEGT STATT NACH OBEN.

2 COMME DANS LE CAS PRÉCÉDENT, MAIS EN BAISSANT LA HAUTEUR AU LIEU DE LA MONTER.

3 MAN BEGINNT DIE NOTE VORGEZOGEN MIT TIEFERER TONHÖHE, UM DANN AUF DER STARKEN ZÄHLZEIT DIE NORMALE INTONATION ZU ERREICHEN.

3 ON JOUE LA NOTE PAR AVANCE EN PARTANT D'UNE HAUTEUR PLUS BASSE POUR ARRIVER À L'INTONATION NORMALE SUR LE TEMPS FORT.

4 AM ENDE DER NOTE FÜHRT MAN EINEN ABFALL DER TONHÖHE AUS ("DECAY"-EFFEKT).

4 A LA FIN DE LA NOTE, ON RÉALISE UNE BAISSE DE LA HAUTEUR (DECAY).

5 SEHR STARKES VIBRATO (VERZERRER-EFFEKT).

5 VIBRATO EXAGÉRÉ (EFFET DE DISTORSION).

6 MAN HAT EINEN HALBTON- ODER GANZTON-SCHRITT UND LÄSST DEN KLANG STUFENLOS DURCH ALLE DAZWISCHEN LIEGENDEN MIKROTÖNE GLEITEN.

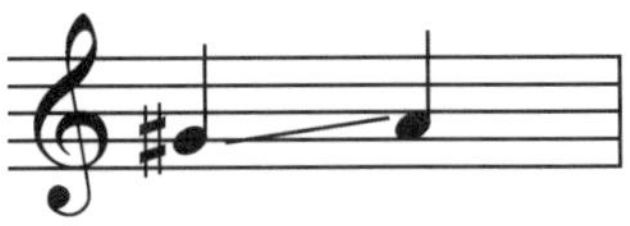

6 DANS LE CAS OÙ LA DISTANCE SERAIT D'UN DEMI-TON OU D'UN TON, ON GLISSE LE SON EN PASSANT PAR TOUTES LES INTONATIONS INTERMÉDIAIRES.

Beispiel
Exemple

TRACK 70

ETÜDE 1 - MIT ERWEITERTEN SPIELTECHNIKEN
P. FAIN

VERWENDUNG IM TANGO

TYPEN 1 UND 2

Ganz besonders bei langen Noten.
Beispiel: **Café 1930** (A. Piazzolla), Takte 15 bis 18.

TYP 3

Zum Beginnen einer Note, der eine Pause vorausgeht. Beim Ankommen in der geschriebenen Note muss die richtige Tonhöhe erreicht sein.
Beispiel: **Café 1930** (A. Piazzolla), Takte 19 bis 21.

TYP 4

Sehr oft in rhythmischen Melodien verwendet, wenn eine akzentuierte und synkopierte Viertel vorkommt.
Beispiel: **Concert d'Aujourd'hui** (A. Piazzolla), in der Verbindung der Takte 5 bis 8.

TYP 5

Bei langen Noten zur Schaffung eines Gefühls der Instabilität.
Beispiel: **Microcentro** (P. Fain), Takte 55 bis 57.

TYP 6

In gesanglichen Melodien mit langen Notenwerten zur Verbindung einer großen oder kleinen Sekunde. Imitation des Glissando der Violinen.
Beispiel: **Café 1930** (A. Piazzolla), Takt 18.

LEUR UTILISATION DANS LE TANGO

TYPES 1 ET 2

De façon expressive sur des notes de longue durée.
Par exemple : **Café 1930** (Astor Piazzolla), mesures 15 à 18.

TYPE 3

Pour commencer à jouer une note précédée d'un silence.
Il faut, en arrivant à la note écrite, qu'elle ait atteint sa hauteur normale.
Par exemple : **Café 1930** (Astor Piazzolla), mesures 19 à 21.

TYPE 4

Très courant dans les mélodies rythmiques, quand une noire est accentuée et jouée en syncope.
Par exemple : **Concert d'Aujourd'hui** (Astor Piazzolla), dans les mesures 5 à 8.

TYPE 5

Pour des notes longues, créant ainsi une sensation d'instabilité.
Par exemple : **Microcentro** (Paulina Fain), mesures 55 à 57.

TYPE 6

Dans des mélodies facilement chantables, avec des notes de longue durée : pour unir une seconde majeure ou mineure en imitant les glissandos des violons.
Par exemple : **Café 1930** (Astor Piazzolla), mesure 18.

ÜBUNG 43 ÄNDERUNG DER INTONATION

- **NIMM IRGENDEINE NOTE UND FÜHRE ALLE VORHER ERLÄUTERTEN MÖGLICHKEITEN AUS.**
- **NIMM KLEINE SEKUNDEN UND ÜBE DAS STUFENLOSE GLISSANDO.**
- **NIMM ASTOR PIAZZOLLAS** ESTUDIOS TANGUÍSTICOS **UND SEINE** LA HISTORIA DEL TANGO **UND TRAU DICH, DIE EFFEKTE AN ALLEN STELLEN ZU PROBIEREN, WO SIE PASSEN KÖNNTEN. ANFANGEN KANNST DU MIT DEM TANGO** POR ESTOS TIEMPOS **VON P. FAIN UND E. MANTEGA, S. 82.**

EXERCICE 43 CHANGEMENT D'INTONATION

- **CHOISIR N'IMPORTE QUELLE NOTE ET APPLIQUEZ-LUI TOUTES LES VARIÉTÉS DÉCRITES CI-DESSUS.**
- **CHOISIR DES SECONDES MINEURES ET S'EXERCER À RÉALISER LE GLISSANDO COMPLET.**
- **ESSAYER DE JOUER LES EFFETS À TOUS LES ENDROITS POSSIBLES DES OUVRAGES D'ASTOR PIAZZOLLA,** TANGO-ÉTUDES **ET** L'HISTOIRE DU TANGO**. VOUS POUVEZ COMMENCER PAR LE TANGO** POR ESTOS TIEMPOS **DE PAULINA FAIN ET D' EXEQUIEL MANTEGA (PAGE 82).**

GESUNGENE TÖNE

ZUR TECHNIK

Eine Technik, bei der wir einen Ton singen, während wir zugleich einen anderen auf der Flöte spielen. Man erreicht das durch ein Üben folgender Art:

- Höre auf die Intonation eines Tones.
- Singe ihn.
- Singe und spiele ihn zugleich auf der Flöte.

Am einfachsten ist es, wenn man damit beginnt, die gleiche Note zu singen, die auch gespielt wird (oder evtl. eine Oktave tiefer, das hängt vom Register unserer Stimme ab). Später kann man die Technik ausbauen und schließlich eine zweite Stimme oder ein bestimmtes Intervall singen.

SONS CHANTÉS

FICHE TECHNIQUE

Cette technique consiste à chanter un son tout en soufflant pour en produire un autre. Il faut pour y parvenir :

- écouter l'intonation d'un son
- le chanter
- chanter et souffler en même temps dans la flûte

Le plus simple est de commencer par chanter la même note que celle jouée à la flûte (ou parfois la même note à une octave inférieure, selon le registre de chacun) et ensuite, petit à petit développer la technique pour pouvoir chanter une deuxième voix ou un intervalle donné.

Notation
Notation

Gespielter Ton
Son généré par le souffle

Gesungener Ton
Son chanté

Beispiel
Exemple

TRACK 71

ETÜDE 1 - MIT ERWEITERTEN SPIELTECHNIKEN
P. FAIN

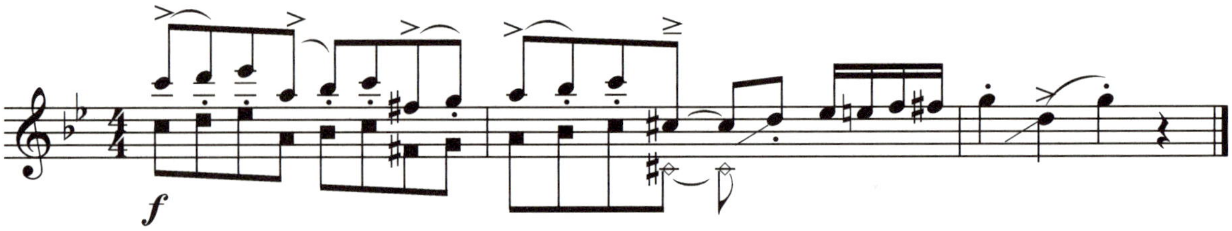

VERWENDUNG IM TANGO

- Um in einem Moment starker Expressivität einen "verzerrten" Ton zu bekommen (aus der Rock-Musik entlehnt).
- Um einer Phrase Spannung zu geben.
- Erscheint sehr oft in rhythmischen Melodien.

Der Effekt kann auch bei Glissandi eingesetzt werden. Zum Glissando durch Greifen kommt ein zugleich gesungenes Glissando hinzu. Das bringt noch mehr Spannung.

LEUR UTILISATION DANS LE TANGO

- Pour obtenir un son discordant dans un moment de grande force expressive (comme dans le rock).
- Pour ajouter de la tension à une phrase.
- Très courants dans les mélodies rythmiques.

Cet effet peut également être utilisé dans les glissandos. En plus de réaliser un glissando avec le doigté, il est possible d'ajouter un glissando chanté en même temps. La tension de la phrase en sera renforcée.

ÜBUNG 44 SINGEN UND SPIELEN

NIMM DEN ANFANG DER ETÜDE 1- ARTIKULATION **(S. 45) UND SETZE DIE TECHNIK DES GLEICHZEITIGEN SINGENS UND SPIELENS IN DEN TAKTEN 1 BIS 8 EIN, UND DANN AUCH AM SCHLUSS, TAKT 32 BIS 34.**

EXERCICE 44 CHANTER ET JOUER

JOUER LE DÉBUT DE L'ÉTUDE 1 – ARTICULATION **(PAGE 45) ET UTILISER LA TECHNIQUE QUI CONSISTE À CHANTER ET À JOUER DANS LES MESURES 1 À 8 ET À LA FIN DE L'ÉTUDE DANS LES MESURES 32 À 34.**

PERKUSSIVE KLÄNGE

ZUR TECHNIK

Kleine rhythmische Effekte erzielt man durch Spielen mit der Mechanik der Flöte.

⦿ Klopfe mit der rechten Hand auf Klappen und Instrumentenkörper und halte die Flöte mit der linken.

⦿ Führe die rechte Hand entlang der Klappen (Handfläche nach oben) und streiche zugleich mit entspannten Fingern (rechte Hand) quer über die Klappen.

⦿ Führe diese Effekte sehr nahe am Mikrofon aus, damit man sie auch hört.

SONS PERCUTÉS

FICHE TECHNIQUE

En jouant avec les touches de la flûte, on peut obtenir de petits effets rythmiques :

⦿ Frapper les clés et le corps de l'instrument avec votre main droite tout en maintenant l'instrument avec la main gauche.

⦿ Passer la main droite sur les clés (la paume tournée vers le haut). Les doigts doivent être détendus et glisser de façon transversale sur les clés (avec la main droite).

⦿ Réalisez cette technique très près du micro, pour que ses effets puissent s'entendre.

Notation
Notation

Tiefer Klang
Son grave

Hoher Klang (gekratzt)
Son aigu (gratté)

Beispiel
Exemple

TRACK 72
MICROCENTRO
P. FAIN

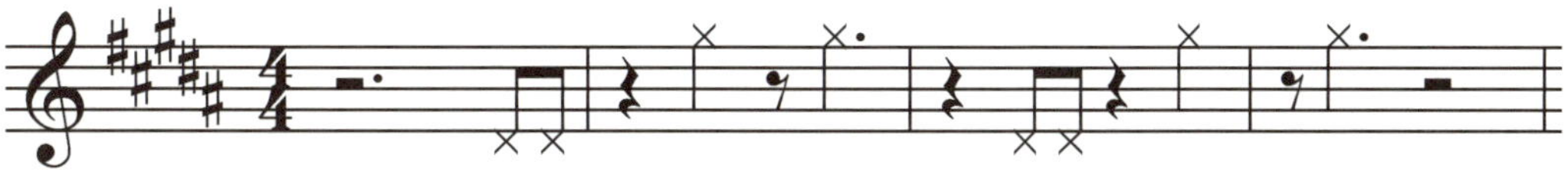

VERWENDUNG IM TANGO

Es ist bei einigen Instrumenten des Orchesters üblich, perkussive Klänge auf dem Instrument zu erzeugen. Sehen wir uns einige Beispiele an:

Bandoneons

⦿ Dumpfes Klopfen auf dem Gehäuse.

⦿ "Tastatur-Geräusch" durch "Kratzen" mit der Hand über die Knöpfe.

Violinen

⦿ Klopfen auf den Korpus des Instruments.

⦿ "Grille"-Effekt auf dem Steg der Violine, und andere mehr.

LEUR UTILISATION DANS LE TANGO

Il est courant que différents instruments de l'orchestre réalisent des bruits percutés. Voyons quelques exemples :

Bandonéons :

⦿ Coups secs sur la caisse.

⦿ En « grattant » avec la main pour faire entendre le bruit des touches.

Violons :

⦿ Petits coups sur le corps de l'instrument.

⦿ Effet de « cigale » sur le chevalet du violon, parmi de nombreux autres sons percutés possibles.

Ein für perkussive Effekte gern verwendeter Rhythmus:
Rythme très utilisé pour les sons percutés :

ÜBUNG 45 PERKUSSIVE KLÄNGE

▶ HÖRE DIR AUF AUFNAHMEN DES QUINTETO REAL, DES QUINTETTS VON ASTOR PIAZZOLLA UND DER *ORQUESTAS TÍPICAS* DIE MIT DEN INSTRUMENTEN ERZEUGTEN GERÄUSCHE UND RHYTHMEN AN.

▶ IHREN EINSATZ KANNST DU AN EINIGEN STELLEN ERPROBEN, AN DENEN DIE FLÖTE - VORAUSGESETZT NATÜRLICH, DU SPIELST MIT ANDEREN - NICHT DIE MELODIE HAT. IST ES EIN RHYTHMISCHER TEIL, DANN PASSEN SIE VIELLEICHT SEHR GUT.

▶ SPIELE DIE NOTIERTEN EFFEKTE AUS MEINEM TANGO MICROCENTRO **(S. 104).**

EXERCICE 45 SONS PERCUTÉS

▶ ÉCOUTEZ DANS LES ENREGISTREMENTS DU QUINTETO REAL, DU QUINTETTE D'ASTOR PIAZZOLLA ET DES *ORQUESTAS TÍPICAS* LES BRUITS ET RYTHMES RÉALISÉS PAR TOUS LES INSTRUMENTS.

▶ ESSAYEZ D'AJOUTER DES SONS PERCUTÉS DANS LES MOMENTS OÙ, DANS UN ENSEMBLE, LA FLÛTE NE JOUE PAS LA MÉLODIE. L'EFFET PEUT ÊTRE TRÈS RÉUSSI S'IL S'AGIT D'UNE PARTIE RYTHMIQUE.

▶ JOUEZ LES EFFETS ÉCRITS DANS LE TANGO MICROCENTRO, QUE J'AI COMPOSÉ (PAGE 104).

ANGESCHNITTENE TÖNE (ARRASTRE)

ZUR TECHNIK

Zur Erläuterung dieses Klanges muss ich zunächst vom Tango sprechen. Er stammt von dem in den Violinen gespielten *Arrastre* zur Hervorhebung von Akzenten in rhythmischen Melodien. Verwendet wird er nur, wenn bestimmte Akzente ganz besonders betont werden sollen.
Auf den Geigen führt man den Effekt aus, indem man beim Frosch des Bogens beginnt, auf die Saiten drückt und das *Arrastre* bei einem unbestimmten tieferen Ton als dem *a-tierra-Ton* ansetzt. Das *Arrastre* kann den Wert einer Viertel oder einer Achtel annehmen.
So, und jetzt zur Flöte:

⦿ Blase ohne Zungenstoß an, wobei die Zunge knapp am Gaumen ist, jedoch einen kleinen Spalt lässt, damit die Luft passieren kann. Zähne nicht mit der Zungenspitze berühren.

⦿ Forme die Mundöffnung oval (breit, aber ohne die typische Mundstellung einzunehmen); man kann sich auch vorstellen, den Mund wie zum Lächeln zu formen.

⦿ Blase an und führe mit der Luftsäule ein Crescendo aus.

Für den gleichen Effekt, aber mit einem bestimmteren Anfang:

⦿ Sprich die Silbe „fa".

⦿ Probiere auch, einen ganz leichten Zungenstoß hinzuzufügen.

SONS ACÉRÉS (ARRASTRES)

FICHE TECHNIQUE

Pour décrire ce son, je dois d'abord faire référence au tango. Ce type de son provient de l'*arrastre* que réalisent les violons qui sert à mettre en valeur les accents dans les mélodies rythmiques. Cet effet n'est utilisé que lorsque l'on veut faire ressortir tout particulièrement des accents donnés.
Les violons réalisent cet effet en commençant par le talon de l'archet, en exerçant une pression sur les cordes et en réalisant un arrastre en partant d'un son indéfini plus grave que le son *a tierra*. L'*arrastre* peut avoir la durée d'une noire ou d'une croche.
Passons maintenant à la flûte :

⦿ Souffler sans réaliser d'attaque avec la langue, en la plaçant à proximité du palais mais en laissant un petit espace pour que l'air puisse passer. La pointe de la langue ne doit pas toucher les dents.

⦿ Donner à l'embouchure une forme ovale (allongée mais sans former l'embouchure typique) ; on peut aussi imaginer la bouche en train de sourire.

⦿ Souffler en réalisant un crescendo avec la colonne d'air.

Pour obtenir le même effet, mais avec un départ plus précis :

⦿ Prononcer la syllabe « fa ».

⦿ Essayer également de lui ajouter une attaque très douce avec la langue.

Notation
Notation

Beispiel
Exemple

TRACK 73
MICROCENTRO
P. FAIN

VERWENDUNG IM TANGO

⦿ Zur Hervorhebung des Beginns akzentuierter Noten in rhythmischen Melodien.

ÜBUNG 45 ANGESCHNITTENE TÖNE

▶ **SPIELE** ETÜDE 1 - MIT ERWEITERTEN SPIELTECHNIKEN **(SEITE 102) UND FÜHRE DEN EFFEKT DES ANSCHNEIDENS AUS, WO ER EINGEZEICHNET IST.**

▶ **SPIELE DEN TANGO** MICROCENTRO **(SEITE 104) UND FÜHRE ALLE DORT NOTIERTEN *ARRASTRES* AUS.**

▶ **PROBIERE DIESEN EFFEKT BEI TANGOS, DIE RHYTHMISCHE MELODIEN MIT AKZENTEN *A TIERRA* BEI VORAUSGEHENDER PAUSE HABEN.**

LEUR UTILISATION DANS LE TANGO

⦿ Pour souligner l'entrée de notes accentuées dans des mélodies rythmiques.

EXERCICE 45 SONS ACÉRÉS

▶ **JOUEZ L'ÉTUDE 1** - AVEC TECHNIQUES ÉTENDUES **(PAGE 102) ET RÉALISEZ LES SONS ACÉRÉS, LÀ OÙ ILS SONT INDIQUÉS.**

▶ **JOUEZ LE TANGO** MICROCENTRO **(PAGE 104) ET RÉALISEZ TOUTES LES *ARRASTRES* ÉCRITS.**

▶ **ESSAYEZ CET EFFET DANS DES TANGOS AUX MÉLODIES RYTHMIQUES AVEC DES ACCENTS *A TIERRA* PRÉCÉDÉS D'UN SILENCE.**

SLAP TONGUE (FALSCHES PIZZICATO)

ZUR TECHNIK

Bei der Slap-Tongue-Technik führt man kurze Schläge der Zunge gegen den Gaumen aus, ohne jeden Druck von Luft aus der Lunge, und greift bei jedem Schlag die gewünschte Note (mit den Griffen für die erste Oktave geht es besser).

Perkussive Slap Tongue: Wird erreicht, indem man zum mit der Zunge produzierten Effekt zugleich ein schnelles und perkussives Niederdrücken der die Note abdeckenden Klappe ausführt.
Für beide Techniken empfehle ich einen langen „reverb" („Nachhall"), um dem Effekt mehr Resonanz und Nachdruck zu geben. Bei Liveauftritten benutzt man dazu ein Fußpedal, bei Aufnahmen legt man den Hall-Effekt über die mit Slap Tongue gespielten Töne.

SLAP TONGUE (FAUX PIZZICATO)

FICHE TECHNIQUE

La technique du slap tongue consiste à donner de petits coups de langue contre le palais sans apporter de pression d'air depuis les poumons, en doigtant la note souhaitée à chaque coup de langue (le résultat est meilleur avec le doigté de la première octave).

Slap tongue percussif : il consiste à effectuer, en même temps que l'effet de la langue, une descente rapide et de percussion de la clef qui obture la note.
Pour ces deux techniques, je conseille d'utiliser une « réverb » longue pour donner davantage de résonance à l'effet et le renforcer. On utilisera pour cela une pédale si on joue en direct ou l'effet de réverbération sur les sons joués avec *slap tongue* s'il s'agit d'un enregistrement.

Notation
Notation

Slap Tongue
Slap tongue

Slap Tongue + Perkussion
Slap tongue + percussion

Beispiel
Exemple

TRACK 74

ETÜDE 1 - MIT ERWEITERTEN SPIELTECHNIKEN
P. FAIN

VERWENDUNG IM TANGO

Wir verwenden den Effekt zur Imitierung des Pizzicatos, das die Streicher bei rhythmischen Melodien einsetzen. Die perkussive Slap Tongue ist bei akzentuierten Tönen angebracht.

SON UTILISATION DANS LE TANGO

Cette technique est utilisée pour imiter le pizzicato des instruments à cordes employé dans les mélodies rythmiques. Le *slap tongue* percussif peut être ajouté aux notes accentuées.

ÜBUNG 45 SLAP TONGUE

- **NIMM DIE RHYTHMISCHE MELODIE DER** ETÜDE 1 **UND FÜHRE SIE MIT SLAP TONGUE AUS.**
- **FÜGE ANSCHLIESSEND BEI DEN AKZENTUIERTEN NOTEN EINE PERKUSSIVE SLAP TONGUE HINZU.**

EXERCICE 46 SLAP TONGUE

- **JOUEZ LA MÉLODIE RYTHMIQUE DE L'**ÉTUDE 1 **AVEC LE SLAP TONGUE.**
- **ENSUITE, AJOUTEZ AUX NOTES ACCENTUÉES LE SLAP TONGUE PERCUSSIF.**

ETÜDE 1 • MIT ERWEITERTEN SPIELTECHNIKEN
ÉTUDE 1 • AVEC TECHNIQUES ÉTENDUES

MUSIK MUSIQUE
PAULINA FAIN

ANHÖREN **POUR ÉCOUTER** TRACK 26
MITSPIELEN **POUR JOUER** TRACK 27

ETÜDE 1 - MIT ERWEITERTEN SPIELTECHNIKEN

SPIELE ETÜDE 1 - MIT ERWEITERTEN SPIELTECHNIKEN **UND FÜHRE ALLE DORT NOTIERTEN ERWEITERTEN SPIELTECHNIKEN AUS.**

WIR HABEN NOCH EINMAL DIE MELODIE DER ETÜDE 1 - ARTIKULATION **GENOMMEN, DIE WIR SCHON IM KAPITEL ZU "VERZIERUNGEN" VERWENDET HABEN. DARAN SIEHST DU, WIE EINE MUSIK, DIE ZUVOR "TRADITIONELL" KLANG, SICH DURCH EINFACHES HINZUFÜGEN DIESER EFFEKTE VERWANDELN KANN.**

ÉTUDE 1 - AVEC TECHNIQUES ÉTENDUES

JOUEZ L'ÉTUDE EN RÉALISANT TOUS LES EFFETS DES TECHNIQUES ÉTENDUES QUI Y SONT SIGNALÉS.

NOUS UTILISERONS DE NOUVEAU LA MÉLODIE DE L'ÉTUDE 1 - ARTICULATION, **QUE NOUS AVONS DÉJÀ ÉTUDIÉE DANS LE CHAPITRE « FIORITURES», QUI NOUS MONTRE COMMENT UNE MUSIQUE QUI POURRAIT PARAÎTRE « TRADITIONNELLE » PEUT ÊTRE MODIFIÉE SIMPLEMENT EN LUI AJOUTANT CES EFFETS.**

» **SEITE** PAGE **104**

Hast du die erweiterten Spieltechniken durchgearbeitet, so besitzt du das notwendige Rüstzeug, um meinen Tango **Microcentro** zu spielen.

Nutze die erweiterten Spieltechniken, um alle dort bezeichneten Effekte auszuführen.

Denke daran: Die Klaviernoten findest du am Ende des Buches und die Begleitung auf der CD 2.

Après avoir appris les techniques étendues, vous avez déjà toutes les informations nécessaires pour pouvoir jouer le tango **Microcentro** que j'ai composé.

Utilisez toutes les techniques étendues pour réaliser les effets comme indiqués sur la partition.

N'oubliez pas que la partition pour piano se trouve à la fin du livre et que l'accompagnement est disponible sur le CD 2.

MICROCENTRO

ZEITGENÖSSISCHER TANGO • TANGO CONTEMPORAIN

MUSIK MUSIQUE
PAULINA FAIN

ANHÖREN **POUR ÉCOUTER** TRACK 28
MITSPIELEN **POUR JOUER** TRACK 29

a tempo
= 120
p
mf
p
p
p
ff

DAS ENSEMBLE
L'ENSEMBLE

Welche Regeln sind zu befolgen? Auf was ist besonderes Augenmerk zu richten? Dazu muss uns zuerst klar sein, welche Aufgabe wir in jedem Augenblick des Werkes übernehmen. Wir unterscheiden zunächst zwei grundlegende Aufgaben:
⦿ **Rhythmisch-harmonisches Gerüst bilden: Begleitung** Gewöhnlich die Aufgabe von Klavier und Bass, obwohl alle Orchesterinstrumente in verschiedenen Momenten "Rhythmus-Aufgaben" übernehmen können. Die diversen Rhythmusmodelle werden homorhythmisch gespielt. Ist ein polyrhythmisches Schema gegeben (z.B. Polyrhythmik oder "*umpa-umpa*"), so können die Instrumente je andere Teile der Begleitung ausführen.
⦿ **Vortragen der Melodie: Melodiestimme:** Alle Instrumente des Orchesters können diese Aufgabe übernehmen, da der Timbre-Wechsel ein wesentliches Gestaltungsmittel ist. Die Besetzung dieser Rolle wechselt daher ständig (zwischen den Sektionen, vom Solo zum Tutti, zwischen zwei Solisten usw.).

BILDUNG DES RHYTHMISCH-HARMONISCHEN GERÜSTES
SOUTIEN RYTHMICO-HARMONIQUE

MERKMALE CARACTÉRISTIQUES	⦿ Der rhythmische Unterbau ist im regelmäßigen Tempo zu spielen. ⦿ Der rhythmische Fortgang wird gewöhnlich durch die *Fraseos* der Solisten nicht berührt. ⦿ Weist die Rhythmik Rallentandos, Fermaten oder Accelerandos auf, so wird unter Leitung eines Gruppenmitgliedes gespielt (in der Regel der Pianist). Die rhythmischen Abwandlungen variieren in Art und Umfang nach dem Stil.	⦿ Le soutien rythmique doit être joué sur un tempo stable. ⦿ D'ordinaire, le mouvement rythmique n'est pas modifié par les *fraseos* des solistes. ⦿ Quand le rythme présente des rallentandos, des points d'orgue ou des accelerandos, l'ensemble joue sous la direction d'un de ses membres (habituellement, le pianiste). La forme ou l'ampleur de ces modifications varie selon le style.
AUFGABEN FONCTIONS	⦿ Tempo etablieren. ⦿ Takt markieren. ⦿ Takt gemäß dem Stil akzentuieren. ⦿ Begleitende Harmonien beitragen.	⦿ Établir le tempo. ⦿ Battre la mesure. ⦿ Accentuer le rythme selon le style. ⦿ Établir l'harmonie.
AUSDRUCKS-WEISEN MODES D'EXPRESSION	**VERWENDUNG RHYTHMISCHER BEGLEITMODELLE** ⦿ Marcato in 2 ⦿ Marcato in 4 ⦿ Pesante ⦿ Synkope ⦿ Polyrhythmik ⦿ "*Umpa-umpa*" (Horacio Salgáns Stil) ⦿ *Bordoneos* ⦿ 3-3-2 ⦿ Weitere Varianten	UTILISATION DES MODÈLES RYTHMIQUES D'ACCOMPAGNEMENT ⦿ Marcato en 2 ⦿ Marcato en 4 ⦿ Pesante ⦿ Syncope ⦿ Polyrythmie ⦿ « *umpa-umpa* » (style de Horacio Salgán) ⦿ *Bordoneos* ⦿ 3-3-2 ⦿ Autres variantes
	MELODISCH ⦿ Unterstützung mit langen Noten ⦿ Pizzicatos (Streicher) ⦿ Zur Begleitung passende rhythmische Zellen	AU PLAN MÉLODIQUE ⦿ Renforcement grâce à des notes longues ⦿ Pizzicato (les cordes) ⦿ Cellules rythmiques qui s'accordent avec l'accompagnement.
	GEGENSTIMMEN ⦿ In Halben oder anderen langen Werten (auch als Führungslinien); müssen sich dem Tempo der Begleitung anpassen und dürfen sich nicht von den *Fraseos* der Solisten beeinflussen lassen.	CONTRECHANTS ⦿ Sur des blanches ou des notes de longue durée (également lignes directrices) qui doivent s'ajuster au tempo de l'accompagnement et ne pas être modifiés par les *fraseos* du soliste.

TANGO IST EINE MUSIK, DIE MAN EIGENTLICH IN DER GRUPPE SPIELT. DAHER IST ES UNUMGÄNGLICH, EINIGE GRUNDSÄTZE FESTZUHALTEN, DIE BEIM GEMEINSAMEN SPIEL ZU BEACHTEN SIND.
COMME LE TANGO SE JOUE D'ORDINAIRE À PLUSIEURS, IL EST INDISPENSABLE D'ÉTABLIR CERTAINES RÈGLES À RESPECTER AFIN DE POUVOIR JOUER ENSEMBLE.

Pour savoir quelles règles suivre et à quels paramètres s'en remettre, il est fondamental d'avoir conscience de la fonction que nous remplissons à chaque moment de l'œuvre. Pour commencer, divisons les fonctions de base en deux catégories:

⦿ Soutien rythmico-harmonique : accompagnement
Il est réalisé la plupart du temps par le piano et la contrebasse quoique tous les instruments de l'orchestre puissent s'intégrer à différents moments à cette « fonction rythmique ». Les divers motifs s'exécutent de manière homorythmique. En cas de motif polyrythmique (p. ex. polyrythme ou « umpa-umpa »), les instruments concernés peuvent exécuter l'une ou l'autre des parties.

⦿ Soutien du discours mélodique : le chant mélodique
Tous les instruments de l'orchestre peuvent remplir cette fonction. Le changement de timbre constitue une des ressources essentielles, ainsi ce rôle change constamment (d'une section à l'autre, d'un instrument solo à un tutti, entre deux solistes etc.)

VORTRAGEN DER MELODIE
SOUTIEN DU DISCOURS MÉLODIQUE

MERKMALE CARACTÉRISTIQUES	⦿ Verwendung des *Fraseo* ⦿ Im Solo Verwendung von *Fraseo básico* und *Fraseo extendido* ⦿ In den Soli Verwendung des *Fraseo básico* ⦿ Zum Tutti sind die meist verbreiteten Formen im Abschnitt „Typische Spielformen beim Tutti" (S. 110) behandelt. Dabei muss ein Instrument führen.	⦿ Utilisation du *fraseo*. ⦿ S'il s'agit d'un solo, utiliser le *fraseo básico* + le *fraseo extendido*. ⦿ S'il s'agit d'un soli, utiliser le *fraseo básico*. ⦿ S'il s'agit d'un tutti, les variantes les plus fréquentes sont étudiées dans la section « Traitements typiques dans un tutti » (page 110). Un des instruments doit diriger l'ensemble.
AUFGABEN FONCTIONS	⦿ Die Melodie mit Ausdruck erfüllen. ⦿ In expressiven Melodien ist über der rhythmisch-harmonischen Begleitung (im regelmäßigen Tempo) mit den *Fraseos* in der Melodie Bewegung zu kreieren. ⦿ Eine rhythmische Melodie gehört in die Welt des Rhythmus. Daher muss man sich an die Spieler des rhythmisch-harmonischen Gerüstes anlehnen.	⦿ Donner de l'expression à la mélodie. ⦿ S'il s'agit d'une mélodie expressive : créer le mouvement dans la mélodie avec les *fraseos*, par-dessus la base rythmico-harmonique (qui demeure stable). ⦿ S'il s'agit d'une mélodie rythmique : elle fait partie du monde rythmique. La flûte doit donc s'adapter aux instruments qui réalisent le soutien rythmico-mélodique.
AUSDRUCKS-WEISEN MODES D'EXPRESSION	**VARIIEREN JE NACH BESETZUNG DES MELODIEPARTS** **SOLO** ⦿ Die *Fraseos* können von einer Version zur nächsten variieren. In der Regel werden Verzierungen spontan hinzugefügt. Hier liegt der Moment höchsten individuellen Ausdrucks.	EN VARIANT À CHAQUE TEXTURE SOLO ⦿ Les *fraseos* peuvent varier d'une version à l'autre. De plus, il est courant d'ajouter spontanément des ornements. C'est à ce moment-là que l'expression individuelle a le plus libre cours.
	SOLI Typische Soli: ⦿ Streicher ⦿ Bandoneons	SOLI Soli typiques : ⦿ les cordes ⦿ les bandonéons
	TUTTI Siehe den Abschnitt „Typische Spielformen beim Tutti" (S. 110) für die meist verbreiteten Varianten. Beispiel: *La pelotita* („das Bällchen").[22]	TUTTI Se reporter à la section « Traitements typiques dans un tutti » (page 110) pour étudier les variantes les plus fréquentes. Ex. : *la pelotita*.[22]

(22) Siehe Glossar.

(22) Voir glossaire.

WELCHE ROLLE KOMMT UNS IN JEDEM MOMENT ZU?
QUEL EST NOTRE RÔLE À CHAQUE MOMENT

WENN WIR IN EINEM ENSEMBLE SPIELEN, MÜSSEN WIR IMMER WISSEN, WELCHE ROLLE WIR IN JEDEM MOMENT ERFÜLLEN. ODER ANDERS GESAGT: WO WIR UNS IN JEDER PHRASE HINSICHTLICH DER VERTEILUNG MELODISCHER UND RHYTHMISCH-HARMONISCHER AUFGABEN BEFINDEN.

In jedem Fall ist festzulegen:

⦿ Ob nur unsere Melodie solistisch auftritt (Solo)

⦿ Ob wir mit einem anderen Instrument – homorhythmisch – die gleiche Idee spielen (Soli)

⦿ Ob wir mit dem gesamten Orchester eine Idee ausführen (Tutti)

Das entscheidet über die Freiheitsgrade, die uns im *Fraseo* und bei anderem gegeben sind. Schauen wir uns einige Punkte zu jeder Besetzungsweise an, in der wir melodische Aufgaben übernehmen könnten:

SOLO
Die Melodie wird von einem einzelnen Instrument vorgetragen.

⦿ Wir haben beim *Fraseo* freie Wahl und können sowohl das *Fraseo básico* als auch das *Fraseo extendido* sowie das Rubato anwenden. Ist der Moment größter Freiheit im Ausdruck gekommen, dann ist dort auch der ideale Raum zur Verwendung des *Fraseo extendido* und des Rubato.

⦿ Möglich (und empfohlen) ist, Verzierungen hinzuzufügen und sie vielleicht sogar bei jeder Interpretation zu ändern.

⦿ Man kann Noten hinzufügen, sofern sie zur Harmonie passen und die Melodie erkennbar bleibt (besonders Umspielungen, Nebennoten, Durchgangsnoten und Doppelschläge).

⦿ Sollten wir mit einer bestimmten Stelle der Melodie dem Rest des Orchesters ein Einsatzzeichen geben, so ist ein eindeutiges und wiedererkennbares *Fraseo* zu verwenden.

⦿ Wird das Solo von einem anderen Instrument mit einer zweiten Melodiestimme begleitet, so sollte das Zusammenspiel einen Kommunikationsfluss und Austausch zwischen beiden Ideen umfassen.

SPIELEN EINER ZWEITEN MELODIESTIMME
Auch hier haben wir Freiheiten für ein *Fraseo*, obgleich etwas eingegrenzter. Wir sollten in der zweiten Reihe des

SI NOUS JOUONS DANS UN ENSEMBLE, NOUS DEVONS AVOIR À L'ESPRIT LE RÔLE QUE NOUS OCCUPONS À CHAQUE MOMENT. C'EST-À-DIRE QU'IL NOUS FAUT SAVOIR DANS QUELLE « TEXTURE » NOUS SOMMES À CHAQUE PHRASE.

Il convient de déterminer :

⦿ si notre mélodie est la seule soliste (solo)

⦿ si nous jouons avec un autre instrument - au même rythme - une même idée (soli)

⦿ si nous jouons avec tout l'orchestre une même idée (tutti)

Répondre à ces questions va nous permettre de déterminer notre marge de manœuvre dans le *fraseo* et dans d'autres aspects. Voyons quelques éléments à tenir en compte pour chacune des textures.

SOLO
La mélodie est exprimée par un seul instrument.

⦿ Nous avons toute liberté dans le *fraseo* : nous pouvons recourir tant au *fraseo básico* qu'au *fraseo extendido* ou au rubato. Puisqu'il s'agit du moment où nous avons le plus de liberté d'expression, c'est l'occasion idéale d'utiliser le *fraseo extendido* et le rubato.

⦿ Il est possible (et recommandé) d'ajouter des fioritures, voire de les changer à chaque interprétation.

⦿ Des notes peuvent être ajoutées si elles sont en accord avec l'harmonie, à condition que la mélodie reste reconnaissable (surtout des broderies, des notes de passage et des gruppetti.)

⦿ Dans le cas où nous devons donner, à un moment de notre mélodie, le signal d'entrée au reste de l'orchestre, il est souhaitable d'utiliser un *fraseo* très clair et identifiable.

⦿ Si le solo est accompagné par un autre instrument qui interprète une deuxième mélodie, il est recommandable de travailler de manière à ce que la communication passe facilement entre les deux idées.

JOUER UNE DEUXIÈME MÉLODIE
Dans ce cas également, nous avons une grande liberté de *fraseo*, même si nous sommes un peu plus limités dans la mesure où il faut que notre mélodie reste au deuxième

Zuhörerinteresses und mehr in der Nähe der „Begleitung" bleiben. Anders gesagt: Wir spielen *Fraseo*, aber nicht prononciert.

SOLI

Die Melodie wird durch mehr als ein Instrument homorhythmisch vorgetragen.
Im Tango ist es überhaupt keine Seltenheit, eine große Zahl an Soli zu finden, die von allen Streichern, allen Bandoneons oder aber von beiden Gruppen gemeinsam gespielt werden.

SOLI BEI EXPRESSIVEN MELODIEN

Ein Instrument ist als führend in jeder Soli-Gruppe zu wählen, um der Interpretation der *Fila* (eine zusammenspielende Gruppe von Instrumenten, wörtlich: „die Reihe") Einheitlichkeit zu geben.
Ist es eine *Fila* mit Violinen oder Bandoneons, so führt selbstverständlich die erste Violine oder das erste Bandoneon. Bei unterschiedlichen Instrumenten wird meist der Instrumentalist ausgewählt, der anderen seine interpretative Idee am besten zu vermitteln weiß. Spielt das Klavier im Soli, so übernimmt es meist die Führung.

WIR FÜHREN EINE *FILA* ODER SIND FÜHRENDES INSTRUMENT EINER IDEE IN EINEM SOLI

Wir probieren zunächst verschiedene *Fraseos* und wählen nach Prüfung der Alternativen ein „ungefähres" *Fraseo* aus (basierend auf einer Vorstellung davon, „bis wohin die Phrase geht" oder „welche Note hervorzuheben ist"). Wenn nötig, zeichnen wir mit einem Stift im Notensystem die ausgewählte Idee ein.
Es wird der Führer der *Fila* sein, der, ausgehend von dieser Konvention, bei jeder Ausführung deutlich die Intentionen anzeigt. Das andere bzw. jene Instrumente, die die *Fila* nicht führen, haben den Vorstellungen des Führenden zu folgen. Der kann natürlich seine Intentionen auch leicht abwandeln und immer wieder ein klein wenig anders spielen. Das *Fraseo* behält so seine frische und wandlungsfähige Natur. Dazu kommt noch ein Vorteil: Man erhält eine aufmerksame und konstante Kommunikation zwischen den Gruppenmitgliedern.

TUTTI

Die Melodie wird von einer Gruppe oder einem Orchester insgesamt interpretiert (in der Regel spielen dann alle Instrumente den gleichen Rhythmus). Im Tango dürfen sich nur jene Bassstimmen davon lösen, die manchmal zusammen mit der linken Hand des Pianisten den zugrundeliegenden Rhythmus markieren und das Rhythmus-Gerüst verstärken. Man einigt sich hier gewöhnlich auf ein gemeinsames *Fraseo*. Hat die Gruppe ein Klavier, so führt dieses das *Fraseo*. Hat sie keines, so wählen wir einen Anderen, wobei der Instrumentalist führen wird, der den Übrigen seine interpretative Idee am klarsten zu vermitteln weiß.

plan dans l'attention de l'auditoire et soit plus près de l'« accompagnement ». Bref, nous phrasons, mais légèrement.

SOLI

La mélodie est jouée au même rythme par plus d'un instrument.
Dans le tango, il est très fréquent de trouver un nombre considérable de soli joués par toutes les cordes ou par tous les bandonéons, ou par les deux groupes ensemble.

SOLI DE MÉLODIES EXPRESSIVES

Il convient de choisir un instrument comme leader de chaque groupe de soli et ce, afin que l'interprétation de la *fila* présente une grande cohésion.
S'il s'agit d'une *fila* de violons ou de bandonéons, le leader sera évidemment le premier violon ou le premier bandonéon, selon le cas. Si nous sommes en présence d'instruments différents, il est d'usage de choisir le musicien qui pourra transmettre au reste de l'ensemble l'idée à interpréter. Si le groupe de soli compte un pianiste, c'est souvent ce dernier qui sera choisi pour remplir cette fonction.

SI NOUS SOMMES LEADER DE *FILA* OU INSTRUMENT LEADER D'UNE IDÉE DANS UN SOLI

Nous pouvons essayer tous les *fraseos* possibles et après avoir évalué les options, choisir un *fraseo* « approximatif » (qui répond à l'idée « dans quelle direction va la phrase » ou « quelle note est mise en valeur »). Si cela s'avère nécessaire, nous pouvons noter l'idée choisie au crayon sur la portée.
Le leader de la *fila* sera celui qui, en se fondant sur cette convention, montrera clairement les intentions à chaque interprétation. L'autre ou les autres instruments qui ne mènent pas le groupe doivent suivre l'intention du leader qui pourra ajouter quelques petites modifications dans l'intention ou les changer entre chaque interprétation. C'est ainsi que le *fraseo* parvient à conserver sa nature toujours fraîche et changeante, ce qui de plus apporte l'avantage d'avoir dans le groupe une communication attentive et constante entre ses membres.

TUTTI

La mélodie est exprimée par tout un groupe ou tout un orchestre (normalement, tous les instruments jouent au même rythme). Dans le tango, les seuls instruments qui peuvent jouer séparément sont les basses qui de temps à autre marquent la base en même temps que la main gauche du piano afin de renforcer le soutien rythmique. Normalement, on convient d'un *fraseo* ensemble. Si le groupe comprend un piano, c'est cet instrument qui dirige le *fraseo*. En l'absence de piano, sera choisi comme leader l'instrument qui saura transmettre le plus clairement au reste du groupe l'idée à interpréter.

TYPISCHE SPIELFORMEN BEIM TUTTI

Das Tutti ist Kulminationspunkt orchestralen Ausdrucks und vereinigt simultane Wechsel in Dynamik, Artikulation und Tempo. Das Steigern oder Mäßigen dieser musikalischen Variablen korrespondiert mit der Dichte expressiver Spannung. Diese Leitsätze haben Folgen für die Ausführung eines Tutti. Einige Punkte dazu sehen wir uns an.

PHRASE MIT STUMMER ERSTER ACHTEL

Beginnt das Tutti mit einer Pause und folgt eine akzentuierte Note, so schließt das meist einige "Effekte" ein:

- einen wichtigen Akzent
- eine Fermate auf der Note selbst
- ein Sforzato-piano
- Der Fermate folgt ein Ritenuto, das in einem "a tempo" bei der nächsten starken Zählzeit endet.

Das heißt: Man verstärkt jene Note und wartet ab, bis (normalerweise) das Klavier im piano mit dem Folgenden beginnt. Dann wird die Melodie mit *Fraseo* weitergespielt.

TRAITEMENTS TYPIQUES DANS UN TUTTI

Le tutti marque le point culminant de l'expression d'un orchestre. Il associe des changements simultanés de dynamique, d'articulations et de tempo, selon l'accumulation de la tension expressive avec le renforcement ou l'affaiblissement de ces variables.
Nous ne verrons ici que quelques unes des résultantes de l'application de ces lois.

PHRASE AVEC PREMIÈRE CROCHE MUETTE

Quand un tutti démarre par un silence suivi d'une note accentuée, les « effets» suivants sont sous-entendus :

- Un accent important
- Un point d'orgue sur la note même
- Un effet de sforzato-piano
- Après le point d'orgue, un ritenuto qui se termine par un a tempo sur le temps fort suivant.

C'est-à-dire qu'on intensifie cette note qui reste en suspens jusqu'à ce que, normalement, le piano commence, piano, à jouer ce qui suit. On continue avec la mélodie, jouée avec *fraseo*.

TRACK 75

EL CHOCLO
Á. VILLOLDO

Notation Écrit

Wirkung Effet

DIE PELOTITA

Ein sehr typisches *Fraseo* nennt man *La pelotita* („das Bällchen"). Bei diesem Effekt (einer Form des Rubato) müssen wir an das Geräusch denken, das ein Ball verursacht, wenn er wiederholt auftippt und dabei mit jedem Mal dem Boden näher kommt. Gehen wir von einer folgendermaßen notierten Melodie aus:

LA PELOTITA

Il existe un *fraseo* appelé *la pelotita* (« la petite balle ») qui est employé très fréquemment. Pour réaliser cet effet - qui est une sorte de rubato -, il faut imaginer le bruit que fait une balle qui rebondit et qui se rapproche de plus en plus du sol.
Partons d'une mélodie écrite de cette façon :

ADIÓS NONINO
A. PIAZZOLLA

Notation
Notation

Nach Anwendung von *La pelotita* kommt folgendes heraus... was annäherungsweise so zu notieren ist:

Après lui avoir appliqué l'effet de *la pelotita*, le résultat sera à peu près celui-ci :

TRACK 76

ADIÓS NONINO
A. PIAZZOLLA

Wirkung
Effet

Hier nun erreicht der Ausdruck einen Punkt, an dem ein gleichmäßiges Tempo aufgehoben wird und der Taktstrich an Bedeutung verliert. Dies ist ein Gestaltungsmittel des *Fraseo extendido*, angewandt auf das Orchester insgesamt.

Nous sommes face au cas typique où l'expression en arrive au point d'annuler la stabilité du tempo et de relativiser la ligne des mesures. Il faut souligner qu'il s'agit d'une ressource du *fraseo extendido*, appliquée à tout l'orchestre.

WIE MAN PROBEN SOLLTE
COMMENT RÉPÉTER

Es ist nicht immer einfach, eine offene und kontinuierliche Kommunikation im Ensemble zu erreichen. Klare Regeln helfen aber, die Ergebnisse zu optimieren.

VORBEREITUNG DES EINZELNEN

Jeder Instrumentalist muss, bevor er zur Probe geht, seinen individuellen Part studieren. Dabei ist z.B. auf Folgendes zu achten:

⦿ Schwierige Passagen sind gesondert zu üben.

⦿ Analyse jeder Phrase daraufhin, ob es eine rhythmische oder expressive ist. Im Falle einer expressiven kann man gleich prüfen, ob sie als Solo bezeichnet ist.

⦿ Übernehmen wir in der Orchestrierung ein Solo, erkunden wir umfassend expressive Varianten des *Fraseo*, die möglichen Verzierungen, oder kurz: Wir beschäftigen uns eingehend mit dieser Phrase, bevor wir zur Probe gehen.

⦿ Führen wir eine *Fila*, sind für jedes Soli die Vorstellungen deutlich herauszuarbeiten, damit wir sie der *Fila* auch klar vermitteln können.

ENSEMBLE

⦿ Man kann das Werk anfangs einmal ganz durchspielen. Dabei hören wir schon, in welchen Aufgabenbereich jede unserer Phrasen fällt, entdecken also, „welche Rolle uns in jedem Moment zufällt". Gehören wir zum rhythmischen Unterbau oder haben wir den expressiven Part, sind wir Führer einer *Fila* oder müssen wir einem Anderen folgen? Also: Mit wem spielen wir in jedem Augenblick des Werkes?

⦿ In einem zweiten Durchgang – jetzt schon im Wissen um unsere Rolle – können wir den *Fraseos* oder Absichten des Führenden der *Fila* folgen und anfangen, unsere eigene Ausführung zu präzisieren.

⦿ Als nächster Schritt im Ensemble ist das Durcharbeiten jeder einzelnen Phrase ratsam, um den Intentionen und Rollen jedes Orchestermitglieds mehr Kontur zu geben.

⦿ Die Organisierung von Teilproben, in denen jede Instrumentenfamilie ihre Probleme löst und ihre Absichten abstimmt, empfiehlt sich sehr.

⦿ Dann kann der Moment gekommen sein, an den Orchestertuttis zu arbeiten und an all den besonderen Nahtstellen zwischen den Phrasen, bei denen es um die Herausarbeitung von Zusammenhängen geht.

⦿ Zu diesem Zeitpunkt, wenn man das Werk bereits in seiner Gesamtheit wahrnimmt, dürften neue Stellen deutlich werden, die nun wieder einzeln zu üben sind.

Parvenir à une communication flexible et constante avec l'ensemble n'est pas toujours une tâche facile. Le respect de quelques règles simples apportera les meilleurs résultats.

PRÉPARATION INDIVIDUELLE

Chaque musicien doit étudier sa partie avant d'aller aux répétitions, en ayant à l'esprit qu'il lui faut, par exemple :

⦿ étudier les passages difficiles ;

⦿ déterminer pour chaque phrase si elle est rythmique ou expressive. Dans ce dernier cas, essayez de voir s'il s'agit d'un solo ;

⦿ si nous jouons en solo à un moment dans l'orchestre, explorer autant que faire se peut les ressources expressives du phrasé, les ornements possibles, bref, étudier la phrase au maximum avant les répétitions ;

⦿ si nous sommes leader du groupe, intensifier les intentions pour chaque soli, pour pouvoir ainsi transmettre clairement les idées au groupe.

ENSEMBLE

⦿ On peut commencer par passer en revue l'ensemble de l'œuvre. Cela nous donnera l'occasion d'écouter à quelle texture correspond chacune de nos phrases, c'est-à-dire de découvrir « quel est notre rôle à chaque moment », si nous contribuons au soutien rythmique ou si avons à notre charge la partie expressive, si nous sommes leader du groupe ou si nous devons suivre un autre instrument. Pour résumer, avec qui nous jouons à chaque instant.

⦿ Dans un second temps et connaissant déjà le rôle qui nous incombe, nous pouvons suivre les *fraseos* ou les intentions du leader et apporter plus de précision à notre interprétation.

⦿ Il est souhaitable que le pas suivant pour l'ensemble soit de travailler phrase par phrase, en insistant sur les intentions et les rôles de chacun dans l'orchestre.

⦿ On ne peut que conseiller fortement d'organiser des répétitions partielles, pour résoudre les problèmes spécifiques à chaque famille d'instruments et pour rapprocher les intentions.

⦿ Ensuite viendra le moment de travailler les tutti de l'orchestre et tous les moments particuliers qui relient les phrases entre elles, pour améliorer leur enchaînement.

⦿ A ce stade, grâce à la vue d'ensemble de l'œuvre, de nouveaux éléments apparaîtront, qui demanderont un travail individuel.

Die Ensemblearbeit fügt, wie es schon der Name verrät („ensamblar" heißt „zusammenfügen"), das allein oder in Gruppen geübte Material zu einem homogenen Ganzen. Neben einem fehlerfreien Zusammenspiel geht es vor allem darum, jedem Musiker eine noch bessere Vorstellung von seiner eigenen Rolle und der Anderer zu geben, die in jedem Augenblick des Werkes übernommen wird. Nur so kann jedes Orchestermitglied seine Aufgabe richtig, d.h. im Dienst der Gruppe erfüllen.

ENTFALTUNG DES ÄSTHETISCHEN EMPFINDENS, DER INTERPRETATIONSFÄHIGKEIT UND DER KÜNSTLERISCHEN PERSÖNLICHKEIT

Um schließlich eine richtige und angemessene Verwendung der Gestaltungsmittel der Sprache des Tango zu erreichen, ist es unumgänglich, immer wieder die großen Klassiker des Genres zu hören. Und nachdem wir diese mit all unserer Kenntnis der Elemente, die dabei im Spiel sind, gewissenhaft analysiert haben, folgen eigenes Experimentieren und die bereichernde Auseinandersetzung mit Kollegen sowie mit zeitgenössischen Einflüssen.
Haben wir eine solche „Ausbildung" einmal durchlaufen, können wir durchaus bereits so weit sein, eine eigene künstlerische Persönlichkeit zu entwickeln. Das wird aber nicht das Ende des Weges sein, vielmehr beginnt er hier erst.

Le travail dans un ensemble, comme son nom l'indique, assemble la partie étudiée individuellement et partiellement dans un tout homogène dans lequel l'objectif principal, à part jouer ensemble correctement, est d'obtenir de chaque musicien qu'il devienne conscient de son propre rôle et du rôle des autres instruments à chaque moment du morceau et que, en conséquence, il participe correctement au service du groupe.

DÉVELOPPEMENT DU SENS ESTHÉTIQUE, INTERPRÉTATION ET PERSONNALITÉ ARTISTIQUE

Pour parvenir à utiliser correctement les outils du langage du tango, il est indispensable d'écouter inlassablement les grands classiques du genre. Après une analyse consciencieuse basée sur la connaissance des éléments en jeu, vient le moment de l'expérimentation personnelle et l'enrichissante confrontation avec les collègues et artistes contemporains de référence.
Après ce processus, peut-être sommes nous déjà prêts à développer notre propre personnalité artistique. Mais il ne s'agit pas de la fin de l'histoire, seulement de son début.

STILE
STYLES

Im Tango sind untereinander sehr verschiedene Stile mit je eigener Charakteristik zu finden. Durch Hören und Analyse den Reichtum dieser einzelnen Stile zu entdecken, ist fundamentaler Bestandteil der Ausbildung eines Tangomusikers.

A l'intérieur même du tango, nous pouvons observer des styles très différents les uns des autres et qui présentent des caractéristiques particulières. Découvrir la richesse de chaque style grâce à l'écoute et l'analyse constitue une part essentielle de la formation d'un musicien de tango.

Wie früher schon bemerkt, erreichte das Genre nach der Epoche der Sextette (etwa zwischen 1918 und 1935) sowie den fundamentalen Errungenschaften von Julio und Francisco de Caro in den 40-er und 50-er Jahre seine Glanzzeit. Damit begann eine bedeutende evolutive Etappe.
Ebenso hatte ich bereits darauf verwiesen, dass nunmehr die Musiker vor der Notwendigkeit standen, sich gegenüber anderen abzuheben. Darin liegt die Geburt der „Stile".
Keiner der folgenden Meister des Tango sollte im Grundbestand einer Plattensammlung fehlen:

- **Julio De Caro**
- **Juan D'Arienzo**
- **Carlos Di Sarli**
- **Aníbal Troilo**
- **Alfredo Gobbi**
- **Osvaldo Pugliese**
- **Horacio Salgán**
- **Astor Piazzolla**

Jeder dieser Stile unterscheidet sich von den anderen durch seine eigene Gestaltung der Akzente, der Begleitungen, der *Fraseos*, der Orchester-Tutti und der Satzweisen der Melodie. Jeder dieser Stile ist eine eigene und umfassende Welt, die es zu entdecken gilt.
Dieses Buch will sich nicht in Fragen stilistischer Differenzierung vertiefen. Wir nehmen jedoch ein paar grundlegende und wichtige Ausführungen aus einem Text des Violinisten und Komponisten Ramiro Gallo auf: **Historia y características distintivas. Los estilos más representativos** („Geschichte und unterscheidende Merkmale. Die repräsentativsten Stile").

Auf den Seiten 114-115 findet sich eine vergleichende Übersicht zu den Stilen.

Comme nous l'avons déjà mentionné, après l'époque des sextuors (entre 1918 et 1935 environ) et après la contribution essentielle de Julio et de Francisco De Caro, le genre connut un grand essor (années 40 et 50), ce qui entraîna le début d'une importante étape d'évolution.
Les musiciens, comme nous l'avons aussi déjà dit, ressentirent le besoin de se différencier et c'est ainsi que les « styles » firent leur apparition.
Dans une discographie même rudimentaire, aucun de ces artistes fondamentaux ne devrait manquer à l'appel :

- **Julio De Caro**
- **Juan D'Arienzo**
- **Carlos Di Sarli**
- **Aníbal Troilo**
- **Alfredo Gobbi**
- **Osvaldo Pugliese**
- **Horacio Salgán**
- **Astor Piazzolla**

Chaque style a ses différences dans la façon d'interpréter les accents, les accompagnements, les *fraseos*, les tutti de l'orchestre, les textures. Chaque style est un monde à part et riche d'éléments à découvrir.
Le but de ce livre n'est pas d'approfondir ces questions mais nous donnerons des références de base et fondamentales extraites d'un texte écrit par le violoniste et compositeur Ramiro Gallo : **Historia y características distintivas. Los estilos más representativos** (« Histoire et caractéristiques distinctives. Les styles les plus représentatifs »).

Vous trouverez aux pages 116-117 un tableau comparatif des particularités de ces styles.

STILE IN VERGLEICHENDER ÜBERSICHT

SEXTETT VON JULIO DE CARO	ORCHESTER VON JUAN D'ARIENZO	ORCHESTER VON CARLOS DI SARLI	ORCHESTER VON ANÍBAL TROILO
AB 1920	GEGRÜNDET 1935	GEGRÜNDET 1929	GEBILDET 1937
GESCHICHTLICHE BEDEUTUNG	**GESCHICHTLICHE BEDEUTUNG**	**GESCHICHTLICHE BEDEUTUNG**	**GESCHICHTLICHE BEDEUTUNG**
Legt die Aufgaben der Instrumente in der *Orquesta típica* fest.	Vorläufer der großen Tanz-Begeisterung der 40-er Jahre.	Sehr gefragtes und Schule machendes Orchester, das die rhythmischen und expressiven Möglichkeiten des Genres exzellent in sich vereinigt	Erstmals singt der Sänger das gesamte Thema. Orlando Goñi (Klavier) bringt epochale Neuerungen ein. Man spricht vom Orchester, das "singt".
MERKMALE	**MERKMALE**	**MERKMALE**	**MERKMALE**
Kreiert folgende künstlerische Mittel: ⦿ Variationen der Bandoneons ⦿ Gegenstimmen der Violinen ⦿ *Arrastre* in der rhythmischen Markierung hin zu den Zeiten 1 und 3 ⦿ Soli der Bandoneons ⦿ Klaviersolos	Rhythmisches und energiereiches Orchester mit ständigen dynamischen Kontrasten. ⦿ Bandoneons und Violinen spielen meist zusammen. ⦿ Bässe des Klaviers: staccato; Kontrabass: pizzicato. ⦿ Typische Solos der Violine auf der vierten Saite: *la vaca* ("die Kuh").[23] ⦿ Staccato gespielte schnelle Variationen. Besetzungen der Melodie wechseln von Phrase zu Phrase.	⦿ Das Klavier ist rhythmischer Motor und füllt die Pausen zwischen den Phrasen. ⦿ Ornamentierung: "*campanitas*" ("Glöckchen").[24] ⦿ Bandoneons und Violinen spielen in der Regel zusammen, bei Dominanz der Streicher. Besetzungen der Melodie ändern sich von Phrase zu Phrase und trennen das Rhythmische deutlich vom Expressiven.	Der große Beitrag von Goñi: Marcato mit zweifacher Artikulation, rhythmisch in den Harmonie-Instrumenten und gebunden in den Bässen. ⦿ *Fraseo* mit großen Linien im gesamten Orchester. ⦿ Getragene Soli und Solos des Bandoneons. ⦿ Streicher singen im tiefen Register, die Bandoneons oktavieren in die hohe Lage: "*flautita*" ("das Flötlein").[25] Besetzungen der Melodie: Die *Filas* kontrastieren durch Übernahme verschiedener Rollen.
TEMPO UND TAKTMARKIERUNG	**TEMPO UND TAKTMARKIERUNG**	**TEMPO UND TAKTMARKIERUNG**	**TEMPO UND TAKTMARKIERUNG**
Tempo: moderato, regelmäßig Taktmarkierung 	Tempo: allegro, regelmäßig Taktmarkierung 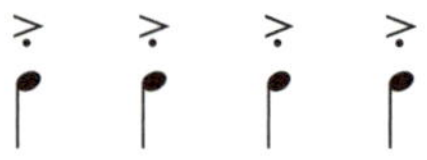	Tempo: moderato, regelmäßig Taktmarkierung 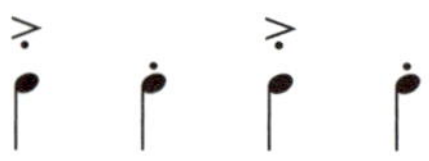	Tempo: allegro, wechselnd Taktmarkierung 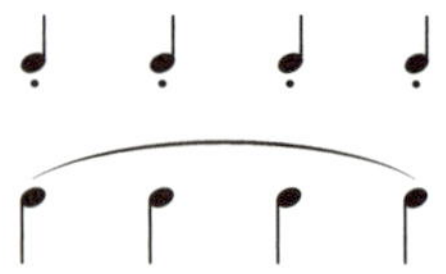
CHARAKTERISTISCHE THEMEN	**CHARAKTERISTISCHE THEMEN**	**CHARAKTERISTISCHE THEMEN**	**CHARAKTERISTISCHE THEMEN**
Tierra querida (J. De Caro) **Boedo** (J. De Caro)	**La cumparsita** (G. Matos Rodríguez) **La puñalada** (P. Castellanos)	**Comme il faut** (E. Arolas) **A la gran muñeca** (J. Ventura)	**Sur** (A. Troilo) **Recuerdos de Bohemia** (E. Delfino, arrangiert von A. Galván)

㉓ ㉔ ㉕ ㉖ Siehe Glossar.

ORCHESTER VON ALFREDO GOBBI

GEGRÜNDET 1942

GESCHICHTLICHE BEDEUTUNG

Gobbi ist ein wahres Nachschlagewerk tangospezifischer und musikalischer Mittel auf hohem expressiven Niveau.

Ein Orchester aus der Schule Julio de Caros.

MERKMALE

⦿ *Arrastre* in der rhythmischen Markierung hin zu den Zeiten 1 und 3.
⦿ Variationen mit expressiven Wendungen.
⦿ Violinsolos in fast allen Themen.
⦿ Klavier spielt synkopierte kleine Sekunden im tiefen Register, typische *Bordoneos* von O. Goñi.

Besetzungen der Melodie: Die *Filas* kontrastieren durch Übernahme verschiedener Rollen.

TEMPO UND TAKTMARKIERUNG

Tempo: moderato, regelmäßig Taktmarkierung

CHARAKTERISTISCHE THEMEN

Orlando Goñi
(A. Gobbi)
Camandulaje
(A. Gobbi)

ORCHESTER VON OSVALDO PUGLIESE

GEGRÜNDET 1939

GESCHICHTLICHE BEDEUTUNG

Führt die Betonung der rhythmischen und expressiven Gestaltungsmittel bis an die Grenzen, ohne sich von seiner Bindung an den Tanz zu lösen.

MERKMALE

⦿ Rhythmische Markierung *"yumba"*.[26]
⦿ Expressivität: jede Melodienote wird herausgestellt. Gebrauch des Rubato.
⦿ Typische Solos im ersten Bandoneon (O. Ruggiero) und der ersten Geige (E. Camerano).
⦿ Klaviersolos (O. Pugliese).
⦿ Versetzte ternäre Akzentuierungen.
Satzweisen der Melodie: reiche Kontrapunktik und ständige Wechsel in der Besetzung.
Große harmonische Entfaltung.

TEMPO UND TAKTMARKIERUNG

Tempo: pesante, stark wechselnd Taktmarkierung

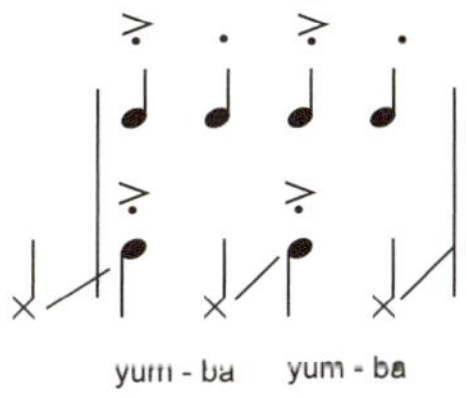

CHARAKTERISTISCHE THEMEN

La yumba
(O. Pugliese)
Negracha
(O. Pugliese)

HORACIO SALGÁN

ERSTES ORCHESTER 1944

GESCHICHTLICHE BEDEUTUNG

Stil von großer Finesse, der auf synkopiertem Rhythmus und eleganter Expressivität aufbaut.

Mit dem **Quinteto Real** schuf er ein gemeinsames Spiel mit sehr hohem Grad an Präzision.

MERKMALE

⦿ Rhythmische Markierung *"umpa-umpa"*.
⦿ Das Klavier führt das Orchester.
⦿ Gebrauch der Kontrapunktik.
⦿ Nimmt Synkopen in Melodien herein.
⦿ Verwendet Gegenstimmen, die man *"especiales"* ("spezielle") nannte (sie gingen aus Nebenmelodien von hohem melodischem Reichtum hervor).

TEMPO UND TAKTMARKIERUNG

Tempo: belebt und regelmäßig. Taktmarkierung *umpa-umpa*

CHARAKTERISTISCHE THEMEN

La llamo silbando
(H. Salgán)
A fuego lento
(H. Salgán)

ASTOR PIAZZOLLA

ERSTES ORCHESTER 1946

GESCHICHTLICHE BEDEUTUNG

Beginnt in Aníbal Troilos Orchester; behält diesen Stil im ersten eigenen Orchester bei. Erkundet dann mit harmonischen und kontrapunktischen Elementen der klassischen Musik sowie formalen Elementen des Jazz Grenzen des Genres und wurde zur Leitfigur der Avantgarde.

MERKMALE

⦿ Rhythmische Markierung "in 4", manchmal *"yumba"* und "3-3-2".
⦿ Ein Adagio lento als Thema B ist die Regel.
⦿ Die Instrumentalsolos können improvisiert sein.
⦿ Bringt fugierte Passagen ein.
⦿ Führt dem Genre eher fernstehende Klangfarben ein: Saxophon, Synthesizer, Vibraphon und Schlagwerk.
⦿ Seit den 60-er Jahren gründet sein Repertoire in eigenen Kompositionen.

TEMPO UND TAKTMARKIERUNG

Tempo wechselnd: Thema A (presto) – Thema B (adagio lento).
Charakteristische Taktmarkierung:

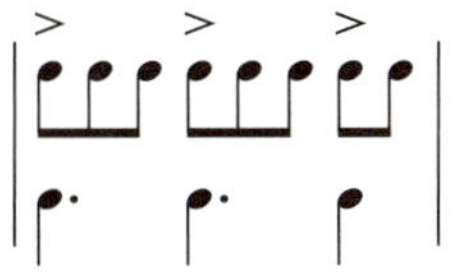

CHARAKTERISTISCHE THEMEN

Triunfal
(A. Piazzolla)
Adiós Nonino
(A. Piazzolla)

TABLEAU COMPARATIF DES STYLES

SEXTUOR DE JULIO DE CARO	ORCHESTRE DE JUAN D'ARIENZO	ORCHESTRE DE CARLOS DI SARLI	ORCHESTRE D'ANÍBAL TROILO
À PARTIR DE 1920	FONDÉ EN 1935	FONDÉ EN 1929	FORMÉ EN 1937
IMPORTANCE HISTORIQUE	IMPORTANCE HISTORIQUE	IMPORTANCE HISTORIQUE	IMPORTANCE HISTORIQUE
Définit les fonctions des instruments de l'*orquesta típica*	Précurseur de la version dansante qui fit fureur dans les années 1940.	D'une forte popularité, orchestre modèle qui excelle à associer les possibilités rythmiques et expressives du genre.	Pour la première fois, le chanteur interprète le morceau complètement. Orlando Goñi (piano) apporte une contribution exceptionnelle. C'est l'orchestre qui chante.
CARACTÉRISTIQUES	CARACTÉRISTIQUES	CARACTÉRISTIQUES	CARACTÉRISTIQUES
Crée les ressources suivantes : ⦿ variations des bandonéons ⦿ contrechants des violons ⦿ *arrastres* dans le marquage rythmique vers les temps 1 et 3 ⦿ soli de bandonéons ⦿ solos de piano	Orchestre rythmique et énergique, aux contrastes de dynamiques permanents. ⦿ Bandonéons et violons jouent généralement ensemble. ⦿ Notes graves du piano : staccato ; contrebasse : pizzicato. ⦿ Solos typiques du violon sur la quatrième corde, appelés « *la vaca* ».[23] ⦿ Variations rapides jouées staccato. Textures : changent selon les phrases	⦿ Le piano est le moteur rythmique et comble l'espace entre les phrases. ⦿ Ornementation : «*campanitas*».[24] ⦿ Bandonéons et violons jouent généralement ensemble, avec une prévalence des violons. Textures : changent selon les phrases, en distinguant clairement les parties rythmiques des parties expressives.	Grande contribution de Goñi : marcato avec une double articulation, rythmique dans la percussion, harmonique et liée pour les basses. ⦿ Grandes lignes de phrasé dans tout l'orchestre. ⦿ Soli et solos de bandonéon pausés. ⦿ Les cordes jouent dans le registre grave, les bandonéons jouent à l'octave dans l'aigu : *flautita* (« petite flûte »).[25] Textures : les groupes forment un net contraste en jouant des rôles différents.
MARQUAGE	MARQUAGE	MARQUAGE	MARQUAGE
Tempo : modéré, stable 	Tempo: allegro, stable 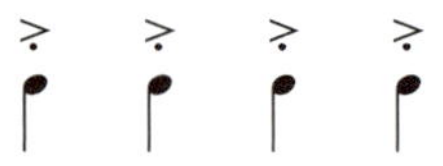	Tempo : modéré, stable 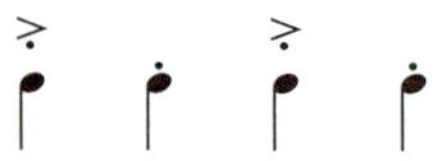	Tempo: allegro, changeant 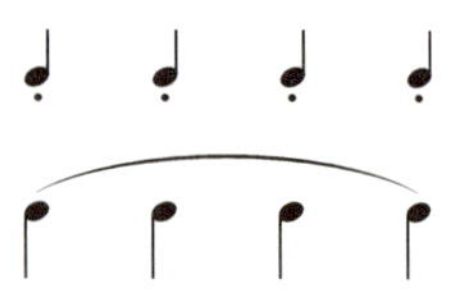
ŒUVRES CARACTÉRISTIQUES	ŒUVRES CARACTÉRISTIQUES	ŒUVRES CARACTÉRISTIQUES	ŒUVRES CARACTÉRISTIQUES
Tierra querida (J. De Caro) **Boedo** (J. De Caro)	**La cumparsita** (G. Matos Rodríguez) **La puñalada** (P. Castellanos)	**Comme il faut** (E. Arolas) **A la gran muñeca** (J. Ventura)	**Sur** (A. Troilo) **Recuerdos de Bohemia** (E. Delfino, arrangement de A. Galván)

㉓ ㉔ ㉕ ㉖ Voir glossaire.

ORCHESTRE D'ALFREDO GOBBI

FONDÉ EN 1942

IMPORTANCE HISTORIQUE

Gobbi est un véritable recueil de ressources musicales pour le tango et d'un haut niveau expressif.
Orchestre de style *decareano* (inspiré de Julio De Caro)

CARACTÉRISTIQUES

- Traînées dans le marquage rythmique vers les temps 1 et 3.
- Variations aux inflexions expressives.
- Solos de violon dans presque tous les morceaux.
- Le piano joue des secondes mineures syncopées dans le grave et des bourdonnements typiques d'Orlando Goñi.

Textures : les groupes forment un net contraste en jouant des rôles différents.

MARQUAGE

Tempo : moderato, stable

ŒUVRES CARACTÉRISTIQUES

Orlando Goñi
(A. Gobbi)
Camandulaje
(A. Gobbi)

ORCHESTRE D'OSVALDO PUGLIESE

FORMÉ EN 1939

IMPORTANCE HISTORIQUE

Pousse à l'extrême la mise en valeur des ressources rythmiques et expressives, sans s'éloigner de son lien à la danse.

CARACTÉRISTIQUES

- Marquage rythmique « *yumba* ».[26]
- Expression : chaque note de la mélodie est mise en valeur. Utilisation du rubato.
- Solos typiques du 1er bandonéon (O. Ruggiero) et du 1er violon (E. Camerano).
- Solos de piano (O. Pugliese).
- Accentuations ternaires déplacées.

Textures : richesse des contrepoints et changements constants de textures.
Grand développement de l'harmonie.

MARQUAGE

Tempo : pesant, très changeant

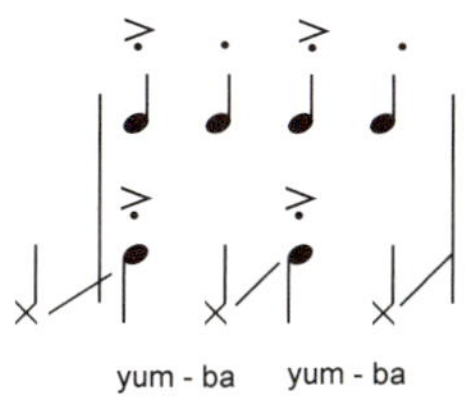

ŒUVRES CARACTÉRISTIQUES

La yumba
(O. Pugliese)
Negracha
(O. Pugliese)

HORACIO SALGÁN

PREMIER ORCHESTRE EN 1944

IMPORTANCE HISTORIQUE

Style d'un grand raffinement stylistique qui s'appuie sur un rythme syncopé et une expressivité élégante. Avec le Quinteto Real il développe un degré très élevé de précision du jeu d'ensemble.

CARACTÉRISTIQUES

- marquage rythmique « *umpa-umpa* ».
- Le piano mène l'orchestre.
- Utilise le contrepoint.
- Introduit la syncope dans les mélodies.
- Utilise les contrechants, appelés « spéciaux ». Il s'agit de mélodies secondaires d'une grande richesse mélodique.

MARQUAGE

Tempo: vif et stable.

ŒUVRES CARACTÉRISTIQUES

La llamo silbando
(H. Salgán)
A fuego lento
(H. Salgán)

ASTOR PIAZZOLLA

PREMIER ORCHESTRE EN 1946

IMPORTANCE HISTORIQUE

Débute dans l'orchestre de A. Troilo et conserve ce style dans son premier orchestre. Explore ensuite les limites du genre avec des éléments contrapuntiques et harmoniques de la musique classique et des éléments formels du jazz. Il deviendra alors la référence de l'avant-garde.

CARACTÉRISTIQUES

- Marquage rythmique « en 4 », parfois dans le style « *yumba* » et 3-3-2.
- Réalise en règle générale un adagio lent dans la partie B.
- Les solos instrumentaux peuvent être improvisés.
- Insère des passages fugués.
- Introduit des sonorités parfois éloignées du genre : saxophone, synthétiseur, vibraphone et percussion.
- Depuis les années 60, son répertoire se fonde sur ses propres compositions.

MARQUAGE

Tempo changeant : partie A (presto) et partie B (adagio lento).
Marquage très caractéristique :

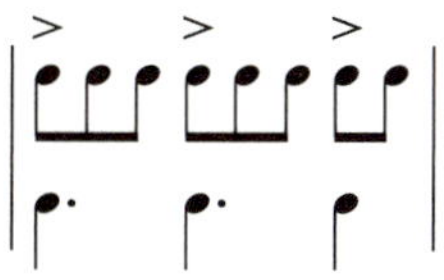

ŒUVRES CARACTÉRISTIQUES

Triunfal
(A. Piazzolla)
Adiós Nonino
(A. Piazzolla)

ZUR GESCHICHTE DER FLÖTE IM TANGO

DIESER KLEINE HISTORISCHE ABRISS ZEIGT, DASS DER QUERFLÖTE LEDIGLICH IN DER EPOCHE DER *GUARDIA VIEJA* (ENDE DES 19. JAHRHUNDERTS BIS CA. 1905) EINE HAUPTROLLE IM TANGO ZUKAM.

Damals um 1900, als der Tango als eine Musik Popularität gewann, die in Bordellen und den *Piringundines* (Tanzlokale der niederen Schichten) für Stimmung sorgte, bestanden die Tangoformationen gewöhnlich aus Flöte, Violine und Gitarre. Diese Trios spielten Tangos, *Milongas* und *Valses* sowie die "*Tango-Milongas*" mit ihrem typischen, auf den Einfluss der *Habanera* verweisenden Rhythmus.

Grundrhythmus der *Habanera*

Das Repertoire war durchweg fröhlich und dazu bestimmt, die nächtlichen Gesellschaften zu unterhalten. Außerdem fügte sich diese Art Trio perfekt in die zeitbedingten Umstände. So konnte es nämlich leicht den Ort wechseln (wegen ihres geringen Verdienstes spielten die Musiker jede Nacht an verschiedenen Orten) und zum anderen war es in Größe und Beweglichkeit geeignet, um augenblicklich die Flucht ergreifen zu können, wenn die Polizei eintraf (sie pflegte überraschend aufzutauchen), um ihre „Razzien" durchzuführen.

ORQUESTA TÍPICA CRIOLLA

Zwischen 1905 und 1917 trat immer mehr eine Formation hervor, die man „*Orquesta típica criolla*" („typisches kreolisches Orchester") nannte und die aus Flöte (oder Klarinette), Violine, Gitarre und Bandoneon bestand. In der *Orquesta típica criolla* spielte die Flöte durchweg in hohen Lagen eine mit Verzierungen reich angefüllte Melodie. Sie hatte dabei große Freiheiten und das Virtuosentum war sehr verbreitet.
Aus den Flötisten der *Guardia Vieja* können wir anführen: Carlos Hernani Macchi, Luis Teisseire, José Cuarello, Vicente Pecchi und Adolfo Pugliese (der Vater von Osvaldo Pugliese), unter anderen.

ORQUESTA TÍPICA

Zwischen 1917 und 1930 bildete sich schließlich jene Formation, die später die Bezeichnung „*Orquesta típica*" („typisches Orchester") erhielt. Zu ihr gehörten zwei Violinen, zwei Bandoneons, Klavier und Kontrabass.
In dieser Zeit errang das Bandoneon seine Vormachtstellung, denn es konnte zwei Aufgaben erfüllen: das Spielen der Melodien und auch das Ausführen der Begleitungen. Darüber hinaus spiegelte es mit seinem Klang die Melancholie der Einwanderer. Diese Gründe ließen das Bandoneon die Flöte aus den üblichen Tango-Formationen verdrängen.

REMINISZENZEN

Ab 1950 kamen mehrere Gruppen mit Flöte auf, die die Zeit der *Guardia Vieja* in Erinnerung riefen. Wir finden viele Aufnahmen, die zwar stark nach jener Epoche klingen, die aber gleichwohl

L'HISTOIRE DE LA FLÛTE DANS LE TANGO

DANS CE PETIT APERÇU HISTORIQUE, NOUS VERRONS QUE LA FLÛTE TRAVERSIÈRE NE JOUA UN RÔLE DE PREMIER PLAN QUE PENDANT L'ÉPOQUE ENGLOBANT LA FIN DU XIXE SIÈCLE JUSQU'À 1905 ENVIRON.

Dans les années 1900, lorsque le tango est apparu comme une musique des maisons closes et des bars mal famés, l'ensemble était le plus habituellement formé du trio flûte, violon et guitare. Ces trios jouaient des tangos, des *milongas*, des *valses* et aussi des « *tangos-milongas* », dont le rythme typique mettait en évidence l'influence de la *habanera*.

Rythme typique de la *habanera*

Le répertoire était toujours joyeux et sa fonction était d'égayer les veillées nocturnes. En outre, ce genre de trio s'adaptait parfaitement aux conditions de l'époque : des instruments faciles à transporter (les musiciens étant mal payés, ils jouaient à plusieurs endroits dans la même soirée) et dont la taille et la mobilité n'étaient en aucun cas des obstacles pour prendre la fuite au moment où la police (qui avait pour habitude de faire brusquement son apparition) arrivait pour effectuer ses « coups de filets ».

ORQUESTA TÍPICA CRIOLLA

Entre 1905 et 1917 environ, un nouveau type de formation apparut, appelé *Orquesta típica criolla* (« orchestre typique créole ») composé d'une flûte (ou d'une clarinette), d'un violon, d'une guitare et d'un bandonéon. Dans ce genre d'orchestre, la flûte jouait d'ordinaire dans le registre aigu avec beaucoup d'ornements et de trilles. Son rôle était libre et les musiciens faisaient très souvent preuve de virtuosité. Parmi les flûtistes qui firent partie de la *Guardia Vieja*, il convient de citer : Carlos Hernani Macchi, Luis Teisseire, José Cuarello, Vicente Pecchi et Adolfo Pugliese (le père d'Osvaldo Pugliese), entre autres.

ORQUESTA TÍPICA

Entre 1917 et 1930, un autre type de formation fut conçu, qui prendra plus tard le nom d'*orquesta típica* composé de deux violons, de deux bandonéons, d'un piano et d'une contrebasse. C'est à ce moment de l'histoire du tango que le bandonéon acquit le rôle principal puisqu'il était capable de réaliser deux fonctions : celle de jouer des mélodies et également de réaliser des accompagnements. Par ailleurs, son timbre reflétait la mélancolie des immigrés. C'est pourquoi le bandonéon prit la place de la flûte dans les formations habituelles.

GROUPES COMMÉMORATIFS

A partir de 1950, différents groupes avec flûte firent leur apparition qui remémoraient l'époque de la *Guardia Vieja*. De nombreux enregistrements sont disponibles qui, bien que nach 1950 eingespielt wurden. Gruppen dieser Art sind: Pa'que Bailen los Muchachos (Flöte: Domingo Rulio), Quinteto Pirincho (Fl.: Juvencio Física), Los Tuba Tango (Fl.: Romeo Piluso), Cuarteto del Centenario (verschiedene Flötisten), Los Guapos del 900 (Fl.: Romeo Piluso), unter anderen. Ich halte vor allem die Aufnahmen für erwähnenswert, die Domingo Rulio an der Flöte mit der Gruppe Pa'que Bailen los Muchachos machte.

DIE FLÖTE BEI PIAZZOLLA

Wer nun in neuerer Zeit die Flöte in anderer Art einsetzte, das ist Astor Piazzolla. Er nahm sie in sein Nuevo Octeto (1963) auf und in die "Tango Operita" (so Piazzollas Untertitel) **María de Buenos Aires**. Für die Flöte schrieb er die Suite **La historia del tango** (für Flöte und Gitarre) und die **Estudios tanguísticos** (für Flöte solo).

DAS HEUTE UND DIE ZUKÜNFTIGE ENTWICKLUNG

Gegenwärtig können wir die Flöte in einigen Gruppen finden, die in einer die Vergangenheit neu belebenden Weise musizieren (im typischen Stil der *Guardia Vieja*), und in den großen Tango-Orchestern der Stadt Buenos Aires. Dazu gehören etwa die „Orquesta del Tango de la Ciudad de Buenos Aires“ und die „Orquesta de Juan de Dios Filiberto“. Darüber hinaus findet man viele Flötisten, die die Möglichkeiten der Querflöte in ganz anders orientierten Formationen erkunden. Dort wird die Flöte als ein «singendes» Instrument verwendet und zeigt kaum Gemeinsamkeiten mit ihrer Rolle in der *Guardia Vieja*.
Die weitere Entwicklung der Flöte ist heute wohl in Händen derjenigen Flötisten, die ihre Gestalt und ihren Klang aus der Aktualität und in Auseinandersetzung mit all den neuen, täglich auftretenden Strömungen denken können.

réalisés après 1950, font référence à cette période.
Pour ne mentionner que quelques uns des groupes de ce genre : Pa'que Bailen los Muchachos (fl : Domingo Rulio), Quinteto Pirincho (fl : Juvencio Física), Los Tuba Tango (fl : Romeo Piluso), Cuarteto del Centenario (fl : plusieurs flûtistes), Los Guapos del 900 (fl : Romeo Piluso), entre autres. A mes yeux, les enregistrements réalisés par Domingo Rulio à la flûte avec Pa'que Bailen los Muchachos sortent du lot.

LA FLÛTE ET PIAZZOLLA

Un autre artiste qui a repris la flûte de façon différente est Astor Piazzolla. Il l'inclut dans son Nuevo Octeto (1963) et également dans l'opéra-tango **María de Buenos Aires**. Il composa pour la flûte **l'Histoire du tango** (pour flûte et guitare) et également les **Tango-Études** pour flûte seule.

PRÉSENT ET FUTUR

Actuellement, on peut trouver la flûte dans certains ensembles qui jouent pour évoquer le passé (dans le style caractéristique de la *Guardia Vieja*) et parmi les grands orchestres de la ville, comme l'Orchestre de Tango de la Ville de Buenos Aires et l'Orchestre Juan de Dios Filiberto. Cependant, beaucoup de flûtistes s'aventurent dans différentes formations dans lesquelles la flûte joue le rôle d'instrument « chantant » sans référence spécifique à la *Guardia Vieja*.
D'une certaine façon, l'évolution de la flûte est aujourd'hui entre les mains des flûtistes. Ils peuvent mettre au goût du jour le son de la flûte et la façon de la jouer et l'adapter aux nouvelles tendances qui apparaissent chaque jour.

REPERTOIRE
RÉPERTOIRE

Eine ganze Reihe von Tangos, Milongas und Valses sind zu Klassikern des Genres geworden. Für das Spiel mit der Flöte eignen sich die folgend aufgelisteten Werke in besonderem Masse.

Für jeden Musiker, der mit dem Tango beginnt und in diesem Genre fundiertes Wissen erwerben will, ist es fast unumgänglich, sich mit den aufgeführten Themen eingehend auseinanderzusetzen. Er muss sie lernen, die Fassungen anderer hören, verschiedene eigene Versionen davon spielen. Weiteres didaktisches Material zu einigen dieser Themen findet sich auf der Internet-Seite der Autorin.

DIE KLASSIKER

TANGO

EL CHOCLO Á. VILLOLDO
LA CUMPARSITA G. MATOS RODRÍGUEZ, P. CONTURSI UND E. MARONI
ADIÓS NONINO A. PIAZZOLLA
LIBERTANGO A. PIAZZOLLA
DANZARÍN J. PLAZA
QUEJAS DE BANDONEÓN J. DE D. FILIBERTO
CANARO EN PARÍS A. SCARPINO UND J. CALDARELLA, J. SCARPINO
A FUEGO LENTO H. SALGÁN
A DON AGUSTÍN BARDI H. SALGÁN
TRIUNFAL A. PIAZZOLLA
VERANO PORTEÑO A. PIAZZOLLA
MILONGA DEL ÁNGEL A. PIAZZOLLA
Unter vielen anderen…

MILONGA

MILONGA DE MIS AMORES P. LAURENZ
EL PORTEÑITO Á. VILLOLDO
LA TRAMPERA A. TROILO
NOCTURNA J. PLAZA
CORRALERA A. AIETA
TAQUITO MILITAR M. MORES
Unter anderen…

VALS

ROMANCE DE BARRIO A. TROILO, H. MANZI
PALOMITA BLANCA A. AIETA, F. GARCÍA GIMÉNEZ
CASERÓN DE TEJAS S. PIANA, C. CASTILLO
Unter anderen…

WERKE FÜR FLÖTE VON ASTOR PIAZZOLLA

ESTUDIOS TANGUÍSTICOS FÜR FLÖTE SOLO
LA HISTORIA DEL TANGO (FÜR FLÖTE UND GITARRE)

Il existe toute une série de tangos, de milongas et de valses qui sont devenus des classiques du genre.
Parmi de nombreux autres classiques, les œuvres citées ci-dessous se prêtent particulièrement à être jouées à la flûte.

Tout musicien qui commence à jouer des tangos et qui veut se former à ce genre devrait immanquablement connaître, écouter et jouer les morceaux cités ci-après. Sur le site Internet de l'auteur se trouvent d'autres matériels didactiques qui portent sur plusieurs de ces sujets.

LES CLASSIQUES

TANGOS

EL CHOCLO Á. VILLOLDO
LA CUMPARSITA G. MATOS RODRÍGUEZ, P. CONTURSI ET E. MARONI
ADIÓS NONINO A. PIAZZOLLA
LIBERTANGO A. PIAZZOLLA
DANZARÍN J. PLAZA
QUEJAS DE BANDONEÓN J. DE D. FILIBERTO
CANARO EN PARÍS A. SCARPINO ET J. CALDARELLA, J. SCARPINO
A FUEGO LENTO H. SALGÁN
A DON AGUSTÍN BARDI H. SALGÁN
TRIUNFAL A. PIAZZOLLA
VERANO PORTEÑO A. PIAZZOLLA
MILONGA DEL ÁNGEL A. PIAZZOLLA
et tant d'autres…

MILONGAS

MILONGA DE MIS AMORES P. LAURENZ
EL PORTEÑITO Á. VILLOLDO
LA TRAMPERA A. TROILO
NOCTURNA J. PLAZA
CORRALERA A. AIETA
TAQUITO MILITAR M. MORES
entre autres…

VALSES

ROMANCE DE BARRIO A. TROILO, H. MANZI
PALOMITA BLANCA A. AIETA, F. GARCÍA GIMÉNEZ
CASERÓN DE TEJAS S. PIANA, C. CASTILLO
entre autres…

ŒUVRES POUR FLÛTE D'ASTOR PIAZZOLLA

TANGO-ÉTUDES POUR FLÛTE SEULE
HISTOIRE DU TANGO (FLÛTE ET GUITARE)

GLOSSAR
GLOSSAIRE

A TIERRA: („wörtlich: „gen Erde") Auf die schwere Taktzeit, kann jeden Schlag des Taktes betreffen. Der bildliche Ausdruck ist oft wörtlich gemeint: mit Gewicht, mit in Richtung Erde ziehender Kraft.

ARRASTRE: („Ziehen, schleifen") Effekt, der durch Vorwegnahme einer Note oder eines Akkordes von unbestimmter Tonhöhe und Dauer erzielt wird, die abrupt enden, sobald man Tonhöhe und Wert der geschriebenen Note erreicht. Dieser Effekt ruft in Melodie wie Harmonie ein besonders Empfinden des rhythmischen Fortgangs hervor, indem der präzisen „Grenze" der Artikulationen ein Klang mit unbestimmten Rändern hinzugefügt wird. Im Allgemeinen führt man das *Arrastre*, je nach Instrument, als Kombination aus Glissandi, Akkorden, Clustern oder aufsteigender Chromatik aus, mit leichtem Crescendo.

BORDONEO: (Bass-Figur) Das Wort entstand als Bezeichnung einer Form der Ausführung der Bässe, bei der die tiefste Saite der Gitarre Verwendung findet (Bordunsaite).

CAMPANITAS: („Glöckchen") Vom Klavier in hohen Registern gespielte Verzierungen mit der Aufgabe des Verbindens. Dabei wird das Intervall der Oktav in Gestalt eines aufsteigenden Vorschlags verwendet.

CUADRADO SPIELEN: (*tocar cuadrado* - „eckig spielen") Ausführen einer expressiven Passage im notierten Rhythmus, ohne Abwandlungen durch *Fraseo* oder im Tempo.

FILA: („Reihe") Gruppe von Instrumenten gleichen Typs, die gewöhnlich als Einheit agieren, indem sie meist homorhythmisch spielen (Bandoneon-*Fila*, Geigen-*Fila*).

FRASEO: („Phrasierung") Abwandlung der Dauer der notierten Notenwerte einer kantablen Melodie in expressiver Absicht.

FRASEO ABIERTO: („Offenes Fraseo") Art des *Fraseo*, bei der man Triolen-Werte verwendet.

FRASEO BÁSICO: („Grundfraseo") Art des *Fraseo*, bei der der notierte Rhythmus abgewandelt, jedoch die Zählzeiten 1 und 3 der Takte als Ankunftspunkte eingehalten werden.

FRASEO CERRADO: („Geschlossenes Fraseo") Art des *Fraseo*, bei der am Ende mehrere Noten kurzer Dauer gespielt werden.

FRASEO EXTENDIDO: („Erweitertes Fraseo") Art des *Fraseo*, bei der der notierte Rhythmus durch Ausdehnung oder Verkürzung der Notenwerte abgewandelt und dabei die Ankunft in den starken Zählzeiten des Taktes nicht eingehalten wird.

GUARDIA VIEJA: („Alte Garde") Epoche der Tangogeschichte, die vom Ende des 19. Jahrhunderts bis etwa 1905 reicht.

LA PELOTITA: (das „Bällchen") Form des Rubato, bei der die Noten in immer kürzeren Zeitintervallen gespielt werden. Dabei ist an den Rhythmus gedacht, den ein wiederholt auftippender Ball hervorruft, der bei jedem Mal dem Boden näher kommt.

LA VACA: („die Kuh") Bezeichnet auf der 4. Saite ausgeführte expressive Violinsolos (sehr häufig im Stil von D´Arienzo).

MILONGA: Eine eigene Form in der Tangosprache, notiert im 2/4-Takt und meist im bewegten Tempo.

MILONGA CAMPERA: („ländliche Milonga") Eine für den Süden des Gebiets um Buenos Aires typische musikalische Form, die gewöhnlich von einem mit Gitarre begleiteten Sänger ausgeführt wird.

ORQUESTA TÍPICA: („typisches Orchester") Eine für den Tango kennzeichnende Orchesterformation aus zwei Violinen, zwei Bandoneons, Klavier und Kontrabass.

TANGO ANDALUZ: („andalusischer Tango") Eine Vorläuferform des Tango, die gegen Ende des 19. und zu Beginn des 20. Jahrhunderts am Rio de la Plata in Mode war.

TANGUERO: (adj.) Auf den Tango bezogen.

UMPA-UMPA: Eine für den Stil von Horacio Salgán typische rhythmisch-harmonische Taktmarkierung. Die Bezeichnung ist eine Lautspielerei und ahmt die abwechselnde Markierung durch eine Bassfigur sowie die von anderen Instrumenten gespielten Harmonieakkorde nach. (Siehe das Notenbeispiel S. 115)

YUMBA: Eine für den Stil von Osvaldo Pugliese typische rhythmisch-harmonische Taktmarkierung, die ihre Bezeichnung einer Lautmalerei verdankt. Sie imitiert das *Arrastre* des Basses von der 4. zur 1. und von der 2. zur 3. Zählzeit. (Siehe das Notenbeispiel S. 115)

A TIERRA : désigne le temps fort de toute pulsation dans une mesure. Vers la terre.

ARRASTRE (« traîné ») : Il s'agit d'un effet créé en jouant d'avance une note ou un accord avec des sons d'une hauteur et d'une durée indéterminés qui se terminent brusquement quand ils atteignent la hauteur et la durée de la note écrite. Cet effet produit une sensation particulière dans la marche rythmique tant de la mélodie que de l'harmonie. En effet, on joue par anticipation une note aux limites indéfinies qui s'ajoute au « contour » précis des articulations. Elles se jouent habituellement, et selon l'instrument, en combinant des glissandos, des accords, des clusters ou des chromatismes ascendants, avec une nuance crescendo.

BORDONEO (« bourdonnement ») : mot utilisé pour décrire la façon dont jouent les basses par allusion à leur utilisation de la corde la plus grave de la guitare (appelée la « bordona »).

CAMPANITAS (« clochettes ») : ornements à fonction de liens que joue le piano dans le registre aigu, en utilisant des intervalles d'octave en forme d'appogiature montante.

FILA (« rang ») : groupe d'instruments d'une même famille qui travaillent généralement en équipe, en jouant au même rythme à de nombreux moments (groupe de bandonéons, groupe de violons).

FRASEO (« phrasé ») : altération de la durée des notes d'une mélodie chantable dans un but expressif.

FRASEO ABIERTO (« ouvert ») : type de *fraseo* utilisant des valeurs de triolets.

FRASEO BÁSICO (« de base ») : type de *fraseo* qui modifie le rythme écrit tout en respectant comme point d'arrivée les temps 1 et 3 de la mesure.

FRASEO EXTENDIDO (« étendu ») : type de *fraseo* qui modifie le rythme écrit en allongeant ou raccourcissant la valeur des notes sans respecter l'arrivée des temps forts de la mesure.

FRASEO CERRADO (« fermé ») : type de *fraseo* qui accumule plusieurs sons de courte durée.

GUARDIA VIEJA (« Vieille Garde ») : période de l'histoire du tango qui englobe la fin du XIXe siècle jusqu'à 1905 environ.

JOUER CUADRADO (jouer « droit ») : jouer un passage expressif en respectant le rythme écrit, sans modifier le phrasé ni le tempo.

LA PELOTITA (« la petite balle ») : type de rubato qui consiste à jouer les notes dans des intervalles de plus en plus brefs, en imaginant le rythme qu'aurait une balle en train de rebondir en se rapprochant de plus en plus du sol.

LA VACA (« la vache ») : nom donné aux solos expressifs du violon lorsqu'ils sont joués sur la 4e corde (très courants dans le style de D'Arienzo).

MILONGA : genre appartenant au langage du tango, qui s'écrit en 2/4 et au tempo généralement assez vif.

MILONGA CAMPERA : genre musical typique du sud de la province de Buenos Aires, interprété habituellement par un chanteur accompagné d'une guitare.

ORQUESTA TÍPICA : formation orchestrale typique de tango composée de deux violons, de deux bandonéons, d'un piano et d'une contrebasse.

TANGO ANDALUZ (« tango andalou ») : genre musical précurseur du tango, en vogue dans le Río de la Plata vers la fin du XIXe et au début du XXe.

TANGUERO : (adj.) relatif au tango.

UMPA-UMPA : une onomatopée indiquant une manière de marquer la mesure, typique du style d'Horacio Salgán ; ainsi nommé pour sa manière de marquer la mesure entre la marche de la basse et les accords harmoniques (voir exemple page 117).

YUMBA : une onomatopée indiquant une manière de marquer la mesure, typique du style d'Osvaldo Pugliese. Elle imite l'*arrastre* de la basse du 4e au 1er et du 2e au 3e temps de la mesure (voir exemple page 117).

TYPISCHE RHYTHMISCHE ZELLEN
CELLULES RYTHMIQUES TYPIQUES

ZELLE CELLULE		**WIRKUNG** EFFET	**VERMEIDEN!** À ÉVITER
Zelle 1, mit langem Akzent Cellule 1, avec accent long	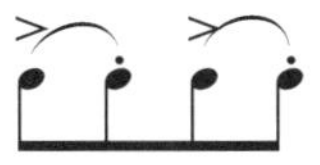	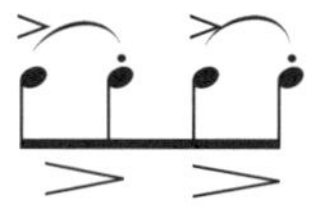	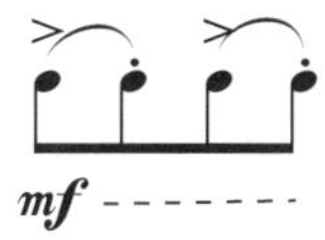
Zelle 2, mit langem Akzent Cellule 2, avec accent long	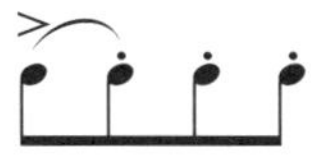	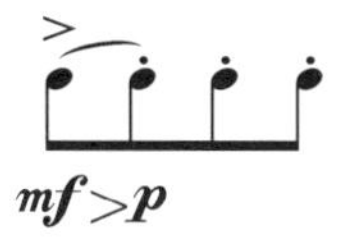	
Zelle 3, mit kurzem Akzent Cellule 3, avec accent court		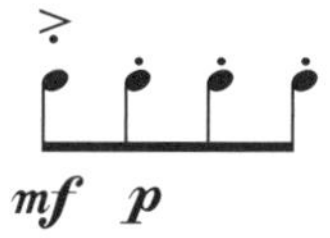	
Zelle 4, Gruppe mit stummer 1. Achtel Cellule 4, avec 1ère croche muette		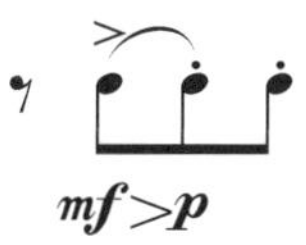	
Mit langer Note Avec note longue		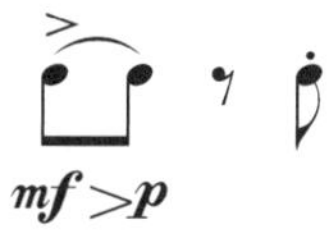	
3-3-2 3-3-2	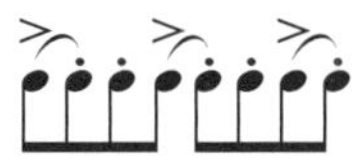	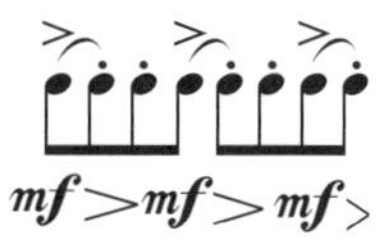	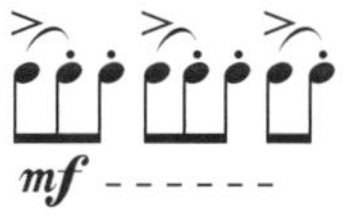
Mit abruptem Schluss Avec fin abrupte		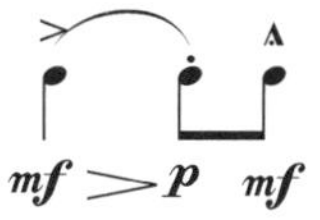	
Lange Note 1 Note longue 1			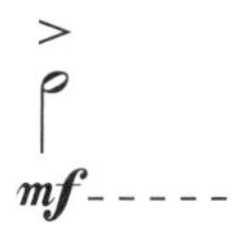
Lange Note 2 Note longue 2		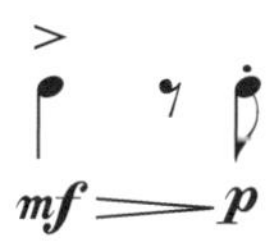	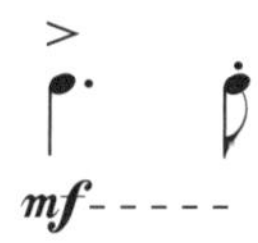
Lange Note 3 Note longue 3			

ALPHABETISCHES REGISTER
INDEX ALPHABÉTIQUE

ZITIERTE WERKE
ŒUVRES CITÉES

A FUEGO LENTO, Horacio Salgán, Ed. Warner/Chappel Music Argentina.

A LA GRAN MUÑECA, Jesús Ventura, Miguel Osés, Ed. Universal Music Publishing - Dominio Público.

ADIÓS NONINO, Astor Piazzolla, Ed. Universelles Editions.

BOEDO, Julio De Caro, Dante A. Linyera, Ed. Universal Music Publishing.

CAFÉ 1930, Astor Piazzolla, Ed. Henry Lemoine.

CAMANDULAJE, Alfredo Gobbi, Ed. Warner/Chappel Music Argentina.

CANARO EN PARÍS, Alejandro Scarpino y Juan Caldarella, José Scarpino, Editorial Record.

CASERÓN DE TEJAS, Sebastián Piana y Cátulo Castillo, Cátulo Castillo y Sebastián Piana, Editorial Aura.

COMME IL FAUT, Eduardo Arolas, Gabriel Clausi, Ed. Universal Music Publishing.

CONCERT D'AUJOURD'HUI, Astor Piazzolla, Ed. Henry Lemoine.

CORRALERA, Anselmo Aieta, Ed. Warner/Chappel Music Argentina.

DANZARÍN, Julián Plaza, Ed. Warner/Chappel Music Argentina.

DON AGUSTÍN BARDI, Horacio Salgán, Ed. Warner/Chappel Music Argentina.

EL CHOCLO, Ángel Villoldo, Enrique Santos Discépolo / Juan Marambio Catán, Ed. Perrotti.

EL DÍA QUE ME QUIERAS, Carlos Gardel, Alfredo Le Pera.

EL PORTEÑITO, Ángel Villoldo, Carlos Pesce / Antonio Polito.

ESTUDIOS TANGUÍSTICOS (PARA FLAUTA SOLA), Astor Piazzolla, Ed. Henry Lemoine.

GRAN HOTEL VICTORIA, Feliciano Latasa, Carlos Pesce, Editorial Perrotti.

HISTORIA DEL TANGO, Astor Piazzolla, Ed. Henry Lemoine.

LA CUMPARSITA, Gerardo Matos Rodríguez, Pascual Contursi y Enrique Maroni, Ed. Universal Music Publishing.

LA EMBRUJADA, Paulina Fain, Ed. Epsa Publishing.

LA PUÑALADA, Pintín Castellanos, Celedonio Flores, Ed. Universal Music Publishing.

LA TRAMPERA, Aníbal Troilo, Ed. Warner/Chappel Music Argentina.

LA YUMBA, Osvaldo Pugliese, Ed. Warner/Chappel Music Argentina.

LIBERTANGO, Astor Piazzolla, Ed. Curci - Simpatía - Lagos.

MALENA, Lucio Demare, Homero Manzi, Ed. Warner/Chappel Music Argentina.

MI BUENOS AIRES QUERIDO, Carlos Gardel, Alfredo Le Pera.

MICROCENTRO, Paulina Fain, Ed. Epsa Publishing.

MILONGA DE MIS AMORES, Pedro Laurenz, José María Contursi, Ed. Perrotti.

MILONGA DEL ÁNGEL, Astor Piazzolla, Ed. Lagos.

MILONGA DEL PIBE, Paulina Fain, Ed. Epsa Publishing.

MILONGUEANDO EN EL 40, Armando Pontier, Ed. Select.

NARANJO EN FLOR, Virgilio Expósito, Homero Expósito, Ed. Warner/Chappel Music Argentina.

NEGRACHA, Osvaldo Pugliese, Ed. Crismar.

NOCTURNA, Julián Plaza, Ed. Warner/Chappel Music Argentina.

ORLANDO GOÑI, Alfredo Gobbi, Ed. Select.

PALOMITA BLANCA, Anselmo Aieta, Francisco García Giménez, Ed. Perrotti.

POR ESTOS TIEMPOS, Paulina Fain y Exequiel Mantega, Ed. Epsa Publishing.

POR UNA CABEZA, Carlos Gardel, Alfredo Le Pera.

QUEJAS DE BANDONEÓN, Juan De Dios Filiberto, Ed. Pirovano

RACING CLUB, Vicente Greco, Ernesto Temes, Ed. Perrotti.

ROMANCE DE BARRIO, Aníbal Troilo, Homero Manzi, Aura.

SOLEDAD, Carlos Gardel, Alfredo Le Pera.

SUR, Aníbal Troilo, Homero Manzi, Ed. Warner/Chappel Music Argentina.

TAQUITO MILITAR, Mariano Mores, Ed. Warner/Chappel Music Argentina.

TORBELLINOS, Paulina Fain, Ed. Epsa Publishing.

ÜBER DIE AUTORIN
À PROPOS DE L'AUTEUR

PAULINA FAIN

GEBOREN IN BUENOS AIRES AM 26. SEPTEMBER 1973.

LEBT UND ARBEITET IN ARGENTINIEN.

FLÖTISTIN, ARRANGEURIN, KOMPONISTIN.

NÉE À BUENOS AIRES LE 26 SEPTEMBRE 1973.

VIT ET TRAVAILLE EN ARGENTINE

FLÛTISTE, ARRANGEUR ET COMPOSITEUR

www.paulinafain.com.ar

contacto@paulinafain.com.ar

DER WEG MIT DER FLÖTE UND DEM TANGO

Da die Querflöte nur am Beginn der Tangogeschichte zum üblichen Instrumentarium gehörte (zu Zeiten der *Guardia Vieja*), so war keine Anleitung verfügbar, die gesagt hätte, wie nun – nach der Entwicklung des Genres über die Jahrzehnte – „die Tango-Flöte zu spielen sei".
Paulina Fain nahm daher die Art der Artikulation und des „Aussprechens" der Melodie in den verschiedenen Instrumenten der *Orquesta típica* (Bandoneon, Violinen, Klavier, Kontrabass) zur Vorlage ihres Spiels.
Ohne Instruktionen durch Andere stellte sie eigene Erkundungen an, wie diese Form der Expressivität auf die Querflöte zu übertragen sei. Später entwickelte sie eine Methodik, die es möglich macht, die Flöte in einer angemessenen Weise der Artikulation erklingen zu lassen. Dies soll dem Genre neue Seiten eröffnen und zugleich der Flöte erlauben, mit ihm und in ihm zu wachsen. Als Resultat und Ertrag ihrer Forschungen entstand schließlich das vorliegende Buch.

LEHRTÄTIGKEIT

Ein Teil ihrer Lehrtätigkeit besteht aus regelmäßig in Argentinien und der ganzen Welt abgehaltenen Meisterkursen für „Tango-Flöte". Außerdem bietet sie während ihrer Auslandsreisen an Konservatorien und Einrichtungen der Musikpflege das Seminar „Die Sprache des Tango" an. Die Veranstaltung ist für alle Instrumente offen und behandelt die Hauptelemente dieser Sprache. Ist sie in Argentinien, so unterrichtet sie „Tango-Flöte" in ihrem Studio in Buenos Aires.

STUDIUM UND BERUFLICHE AUSBILDUNG

Absolventin (1996) der Escuela de Música Popular de Avellaneda in der Studienrichtung Tango-Flöte. Dort spielte sie bis zum Abschluss die erste Flöte im Tango-Orchester.
Studium der Harmonielehre, Orchestrierung und Komposition bei Rodolfo Mederos, Pedro Aguilar und Laura Baade. Studium der Flöte bei Maestro Raúl Del Castillo.
Seit den Anfängen ihrer Karriere veranstaltete Paulina Fain Konzerte in ihrer Heimat und im Ausland. Zurzeit übt sie mit dem Duo Fain-Mantega (mit Exequiel Mantega, Piano) national wie international eine rege Konzertätigkeit aus. Sie erkundet Grenzen des Genres, steht für eine neue Klanglichkeit und für eine neue Verwendung der Flöte im Tango. Das Duo Fain-Mantega spielte bisher zwei Platten ein: „*+ Tango*" (2006) und „*Secretos en reunión*" (2008). Letztere enthält zusätzlich alle Noten der Kompositionen von P. Fain und E. Mantega, gesetzt für Flöte und Klavier, im PDF-Format.
Zusammen mit Exequiel Mantega komponierte Paulina Fain die Originalmusik (24 Tangos, Milongas und Valses) zur Show „*Estación: Tango!*" („Haltestelle: Tango!"), die seit 2007 in der Schweiz und Deutschland läuft.
Im Internet ist das Duo erreichbar unter:
www.fain-mantega.com.ar
Vorher hatte sie die Gruppe „Tango Desatado Cuarteto" (2003-2005), das Tango-Duo „Las Pibas" (1999-2003) und das „Quinteto Tangata Rea" (1994-1999) zusammengestellt.

LE CHEMIN PARCOURU AVEC LA FLÛTE ET LE TANGO

La flûte traversière n'ayant joué un rôle prépondérant qu'aux balbutiements du tango (lors de l'époque dite de la *Guardia Vieja*), aucune référence n'existait sur la façon de jouer de la flûte dans un tango après l'évolution du genre dans le temps. Pour sa formation, Paulina Fain apprit la façon d'articuler et de parler des différents instruments de l'*orquesta típica* (le bandonéon, les violons, le piano, la contrebasse).
Pour pouvoir transférer ce mode d'expression à la flûte traversière, elle s'est livrée seule à une étude minutieuse et a ensuite développé une méthodologie grâce à laquelle la flûte peut être jouée avec l'articulation nécessaire afin de s'intégrer et évoluer avec le genre. Ce livre est le fruit de ses recherches.

ENSEIGNEMENT

Paulina Fain donne habituellement des *master classes* de « La Flûte dans le tango » en Argentine et dans le monde entier. Lors de ses tournées à l'étranger, elle présente aussi un séminaire dans les conservatoires et les écoles de musique, intitulé « Le Langage du tango ». Ce séminaire est ouvert à tous les instruments et vise à travailler sur les principaux éléments du langage *tanguero*.
En Argentine, elle enseigne « La Flûte dans le tango » dans son studio de Buenos Aires.

ÉTUDES ET CARRIÈRE PROFESSIONNELLE

Diplômée en 1996 de l'École de Musique Populaire d'Avellaneda (EMPA) dans la filière Flûte dans le tango. Dans cette école, elle a joué pendant quatre ans la première flûte dans l'Orchestre de Tango jusqu'à l'obtention de son diplôme.
Elle a étudié l'harmonie, l'orchestration et la composition avec Rodolfo Mederos, Pedro Aguilar et Laura Baade, la flûte avec le maestro Raúl Del Castillo.

Depuis le début de sa vie de musicienne, elle a développé ses propres projets musicaux en réalisant des concerts en Argentine et à l'étranger.
Actuellement, elle joue dans le duo Fain-Mantega (avec le pianiste Exequiel Mantega). Á la recherche des limites du tango à travers un renouveau du son et de l'utilisation de la flûte, ce duo est très actif tant sur la scène argentine que sur la scène internationale.
Le duo Fain-Mantega a, à ce jour, enregistré deux disques : *+ Tango* (2006) et *Secretos en reunión* (2008). Ce second disque a la particularité d'inclure en format PDF toutes les partitions des compositions de Paulina Fain et d'Exequiel Mantega arrangées pour flûte et piano.
Avec Exequiel Mantega, Paulina Fain a également composé la musique originale (24 tangos, milongas et valses) du spectacle *Estación : Tango !* À l'affiche depuis 2007 en Suisse et en Allemagne.
Le site Internet du duo est : www.fain-mantega.com.ar
Auparavant, elle a fait partie des groupes suivants : le quatuor Tango Desatado (2003-2005), le duo de Tango « Las Pibas » (1999-2003) et le Quintette Tangata Rea (1994-1999).

DISKOGRAFIE
DISCOGRAPHIE

SECRETOS EN REUNIÓN, DÚO FAIN-MANTEGA, 2008.
VERTRIEB IN ARGENTINIEN: EPSA MUSIC.
DISTRIBUÉ EN ARGENTINE PAR EPSA MUSIC.

+ TANGO, DÚO FAIN-MANTEGA, 2006. VERTRIEB IN ARGENTINIEN: SOUTH UNITY RECORDS, IN DEUTSCHLAND UND ÖSTERREICH: GALILEO MUSIC COMMUNICATION. DISTRIBUÉ EN ARGENTINE PAR SOUTH UNITY RECORDS, EN ALLEMAGNE ET EN AUTRICHE PAR GALILEO MUSIC COMMUNICATION.

TANGO DESATADO QUARTETT / QUATUOR**, TANGO DESATADO,** 2004.
VERTRIEB IN ARGENTINIEN: SOUTH UNITY RECORDS, IN FRANKREICH UND BELGIEN: ARGENTIN TANGO. DISTRIBUÉ EN ARGENTINE PAR SOUTH UNITY RECORDS, EN FRANCE ET EN BELGIQUE PAR ARGENTIN TANGO.

LAS PIBAS, DÚO LAS PIBAS, 2001.
VERTRIEB IN ARGENTINIEN DURCH UNABHÄNGIGES LABEL. DISTRIBUÉ EN ARGENTINE DE FAÇON INDÉPENDANTE.

TANGO ALLA BAILA, QUINTETT/ QUINTETTE **TANGATA REA**, 1998.
VERTRIEB FÜR ALLE LÄNDER: WINTER & WINTER (DEUTSCHLAND). DISTRIBUÉ DANS LE MONDE ENTIER PAR WINTER & WINTER (ALLEMAGNE).

WERKE DER AUTORIN
ŒUVRES COMPOSÉES PAR L'AUTEUR

A DOMINGO RULIO MILONGA
A LA TARDECITA VALS CAMPERO
DILEMA TANGO SONATA
FLECHAZO TANGO
FUERA DE CONTROL TANGO
HACIA NINGÚN LUGAR BANDA SONORA
LA EMBRUJADA VALS
LA MILONGA DEL PIBE MILONGA
MICROCENTRO TANGO CONTEMPORÁNEO
POR ESTOS TIEMPOS TANGO (P. FAIN, E. MANTEGA)
TORBELLINOS TANGO
VIAJE A NEUQUÉN TEMA FOLKLÓRICO

Torbellinos, P. Fain (2007)
Por estos tiempos, P. Fain, E. Mantega (2009)
Milonga del pibe, P. Fain (2007)
La Embrujada, P. Fain (2007)
Microcentro, P. Fain (2008)